환상적인 문어

Faszination Krake: Wesen einer unbekannten Welt
by Michael Stavarič / Michelè Ganser

All rights reserved by the proprietor throughout the world
in the case of brief quotations embodied in critical articles or reviews.

Korean Translation Copyright ⓒ 2023 by Hangilsa Publishing Company, Gyeonggi-do
Copyright ⓒ 2021 by Leykam Buchverlagsgesellschaft m.b.H. & Co KG

This Korean edition is published by arrangement with
Literarische Agentur Kossack GbR, Hamburg through Bestun Korea Literary Agency Co, Seoul

이 책의 한국어판 저작권은 베스툰 코리아 출판 에이전시를 통해 저작권자와의
독점 계약으로 (주)도서출판 한길사에 있습니다.
저작권법에 의해 한국 내에서 보호를 받는 저작물이므로
무단 전재와 무단 복제를 금합니다.

환상적인 문어
미지의 세계에 사는 생물

미하엘 스타바릭 지음 ✦ 미셸 간저 그림 ✦ 유영미 옮김

세상에서 가장 훌륭하고
책을 무척이나 사랑하는 서점직원이었던 내 친구
모니카 퀼퍼를 추억하며

환상적인 문어

1 ✦ 자, 여행을 시작합시다   8

2 ✦ 바다 깊은 곳   24

3 ✦ 문어의 나라   34

4 ✦ 문어와 인간   56

5 ✦ 모든 것은 움직인다   74

| 6 ✦ | 문어의 눈으로 | 100 |

| 7 ✦ | 아주 오래전부터 살아온 똑똑한 동물 | 116 |

| 8 ✦ | 약간 다른 변신 | 124 |

맺음말　　　　　132
옮긴이의 말　　　136
해답　　　　　　138

자, 여행을 시작합시다

1

문어가 이 책을 읽다가 빈정거리며
먹물을 쏘려 하면 어떻게 하지?
젖은 수건으로 문어의 몸을
꽁꽁 감싸 놓아야 할까?

자, 여행을 시작합시다

우주는 끝도 없이 넓고, 세상에는 엄청나게 많은 지식이 있어요. 그리고 그런 것들에 대해 이야기할 방법도 엄청나게 많아요.

다행히 나는 이야기하는 걸 좋아해요. 이야기는 세상에서 가장 좋은 것이에요. 우리 인간들에 대해, 그리고 우리가 사는 세상에 대해 표현할 수 있기 때문이죠. 이야기들이 꼭 진실일 필요는 없어요. 하지만 이 책의 경우는 전혀 달라요. 이 책에서 이야기하는 모든 것은 정말 사실이에요. 여러분은 내가 어떻게 이렇게 문어에 대해 아는 것이 많은지 궁금할지도 몰라요. 사실을 말해 줄게요. 이 책에 소개한 내용은 책, 잡지, 인터넷, 텔레비전 등 아주 여러 곳에서 알게 된 것들이랍니다. 여러분이 알고 싶은 것들은 다 저 밖에서 여러분을 기다리고 있어요. 그러니 찾아 나서기만 하면 된답니다. 여러분은 이 책도 이미 찾아냈잖아요. 아니면 이 책이 여러분을 찾아낸 건가요? 누가 찾아내었든 간에 만나서 반가워요. 자, 이제 시작해 보자고요.

멀리 있는 별들

우리는 밤하늘을 올려다보며 (운이 좋다면) 엄청나게 많은 별을 봐요. 엄청나게 많은 은하에 속한 별들이죠(은하라는 말은 곧 설명해 줄게요). 왜 운이 좋다면일까요? 여러분은 내가 그렇게 말한 이유를 이미 알 거예요. 여러분이 사는 곳에서는 하늘을 올려다봐도 별이 몇 개 안 보일지도 몰라요. 도시에서는 별이 잘 안 보여요. 시골 하늘에서 보이는 별들도 옛날보다 훨씬 적어졌어요. 바로 '빛 오염' 때문이지요. 우리 지구 거주민들은 너무 많은 인공조명으로 밤을 환히 밝히고 있어요. 밤에도 주변이 밝다 보니 하늘에 뜬 별들이 잘 보이지 않는답니다. 정말로 어두운 곳에서만 별이 총총한 하늘을 볼 수 있고, 밝게 빛나는 거대하고 장엄한 우주가 우리 머리 위에 있다는 걸 느낄 수 있지요.

다행히 우리는 빛 오염이 그리 좋은 게 아니라는 걸 깨달았어요. 그래서 많은 관청과 단체가 밤이 다시 밤답게 어두워질 수 있게끔 노력하고 있지요. 이런 노력은 밤에 활동하는 동물에게 좋을 뿐 아니라, 사람들 역시 깜깜한 곳에서 더 잠을 푹 잘 수 있게 하거든요. 밤이 좀 더 어두워지면, 하늘에서 정말로 '은하수'를 볼 수 있을 거예요(오늘날 한국인의 90퍼센트가 아무리 하늘을 올려다봐도 은하수를 보지 못해요). 은하수는 바로 우리 태양계가 속한 아름다운 은하를 말해요. 아, 좀 전에 은하라는 말을 설명해 준다고 했지요? 은하는 별과 행성이 모인 집단을 말해요. 은하가 모여 우주를 이룬답니다. 하늘에서 은하수를 보면 정말 아름다워요. 우유를 풀어 놓은 듯한 모습이죠. 깜깜하고 구름 없는 밤에는 은하수를 볼 수 있답니다. 천문대를 방문한다면 확실히 볼 수 있을 거예요.

그런데 신기한 게 뭔지 알아요? 난 어떤 해양생물학자가 인터뷰한 걸 보았어요(그분의 이름은 에디스 위더 박사랍니다). 위더 박사님은 작은 잠수함을 타고 깊은 바다로 잠수를 하곤 해요(물론 연구를 하려고요). 그런데 박사님은 깊은 바닷속에 있으면 우주에 있는 것 같은 기분이라고 하셨어요. 무엇보다 잠수함 창밖으로 무수히 많은 바닷속의 동물들과 미생물들을 관찰하다 보면, 그들 하나하나가 밤하늘의 별처럼 빛을 낸다는 것이에요. 바닷속의 빛나는 동물들에 대해서는 앞으로 더 많은 이야기를 하기로 할게요. 그게 어떤 동물들인지에 대해서도요. 위더 박사님은 대양 깊이 들어가면 별을 올려다보는 듯한 기분이 든대요. 정말 멋지지 않나요? 마치 바다가 우주인 것처럼 말이에요. 나는 이런 상상을 너무나 좋아해요.

별을 올려다볼 때 나는 별빛이 우리에게 오기까지 먼 길을 달려왔다는 걸 생각해요. 별빛을 자동차라고 생각해 봐요. 별빛은 ㉠이라는 곳에서 ㉡이라는 곳까지 달려와요. 여기서 ㉠이라는 곳은 바로 빛나는 별이고, ㉡이라는 곳은 바로 우리가 있는 곳이에요. 별빛은 엄청나게 빠르게 달리지만, 지구까지 도착하는 데 오랜 시간이 걸려요. 그래서 우리가 별빛을 볼 무렵이면, 그 빛을 내었던 별이 더 이상 존재하지 않기도 한답니다. 하지만 별빛은 여전히 우주의 광활한 공간을 여행해서 우리에게까지 이르죠. 정말 흥미롭지 않나요? 우주는 믿을 수 없을 정도로 넓고 수수께끼와 신비로 가득해요. 나는 어릴 적부터 우주에 흠뻑 빠졌답니다.
우주에 대해 더 알고 싶은가요? 나는 당연히 더 알고 싶어요! 빛이 자동차처럼 달린다면, 그 속도도 측정할 수 있을 거예요. 측정 결과 빛은 초속 30만 킬로미터로 달리는 것으로 나타났습니다(호기심 많은 친구들을 위해 더 정확히 말하자면 빛은 1초에 29만 9,792킬로미터를 달린답니다. 나중에 과학 시간에 배우게 될 거예요).

비교하기 위해 말하자면, 여러분 부모님의 차는 기껏해야 한 시간에 150킬로미터를 달릴 수 있어요! 따라서 빛은 정말 무지막지하게 빠르게 달리는

자, 여행을 시작합시다

거죠. 하지만 무한히 넓은 우주에서는 빛의 속도도 여전히 달팽이 속도에 불과하답니다.

여러분 중 누군가는 지금쯤 이렇게 생각할지도 몰라요. 그래, 그래 흥미롭군. 하지만 난 이 책이 문어 책인 줄 알았는데 아니었나? 문어는 언제 나오는 거지? 하하, 조금만 더 참아 주세요. 사실 우리는 이미 문어 이야기를 나누고 있으니까요. 아직은 그렇게 보이지 않지만요. 사실 우주 이야기는 문어 이야기이기도 하답니다. 결국 우리 자신의 이야기고요.

아, 방금 무슨 이야기를 하다가 말았죠? 맞아요. 빛에 대해 이야기했죠! 지구에 빛이 없다면 아무것도 되는 일이 없을 거예요. 그러니까 우리가 밤에 켜는 전구가 아니라 별빛 말이에요. 우리 태양 역시 별이거든요. 별을 항성이라고도 부르죠. 태양이 없다면 지구에 생명체가 존재할 수 없다는 걸 여러분도 이미 알고 있을 거예요. 태양이 없다면 식물도 없고, 식물이 없으면 산소도 있을 수 없어요(더 정확히 알고 싶은 친구들을 위해 이야기하자면 식물은 광합성을 통해 산소를 만들어 내거든요). 산소 없이는 인간과 동물도 없을 거고요. 물론 바다에서도 마찬가지예요. 산소가 없으면 생명체가 살 수 없답니다.

이쯤에서 이런 질문이 들리는 듯해요. 그럼 햇빛도 자동차와 같나요? 물론 그렇지요. 빛은 모두 같은 빠르기로 우주 공간을 가로지르니까요(앞 장을 보세요). 지구와 태양 사이의 거리는 1억 5,000만 킬로미터쯤 되니까 햇빛이 태양을 출발해 지구에 도달하기까지는 8분 19초 정도가 걸려요. 따라서 햇빛이 갑자기 사라진다 해도(마법사가 갑자기 마법으로 태양빛을 없앤다고 생각해 봐요), 여전히 8분 넘게 지금처럼 햇빛 찬란한 세상이 우리 앞에 펼쳐질 거예요.

태양에 대해 이야기를 더 많이 들려주고 싶지만, 문어들이 너무 많이 기다리면 안 되겠죠? 마지막으로 한 가지만 더 이야기하고 갈게요. 먼 훗날 태양은 엄청 커져서, 지구에서도 손으로 만질 수 있을 정도가 될 거예요. 과학자들은 별의 생애 중 이런 단계를 '적색거성'이라고 불러요. 적색거성이 되었던 태양은 어느 순간 갑자기 다시 쪼그라들어서, 몸집이 지구만큼 작아질 거예요. 이런 별을 '백색왜성'이라고 불러요. 어렸을 때 나는 이런 이름들이 신기해서 적색거성과 백색왜성이 등장하는 이야기를 지어내기도 했답니다. 여러분도 그러고 싶은가요? 그럼 한번 해 보세요.

똑똑한 친구들을 위해
우주의 신기한 천체들

1. 광대 얼굴

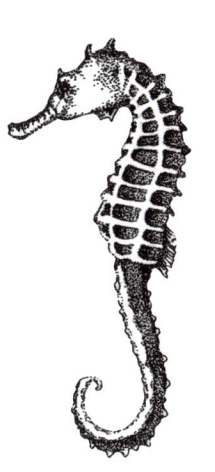

우주에는 빛나는 가스 구름으로 이루어진 성운이 있어요. 그중 광대 얼굴처럼 보이는 성운도 있는데요. 바로 NGC 2392라는 꽤 재미없는 이름을 가진 성운이랍니다. 우주의 천체들이 하도 많다 보니 이름을 정할 때 이처럼 그냥 번호를 매긴답니다. 마치 주민등록번호처럼 말이에요. 부모님께 부모님의 주민등록번호가 뭔지 한번 물어보세요. 긴 번호라도 다 외우고 있을 거예요.

2. 라즈베리 - 럼주

우리 은하의 한가운데에는 소독제 성분이 들어 있는 거대한 구름이 있어요. 이름만으로도 약간은 더 흥미롭게 들리는 궁수자리 B2랍니다. 이 성운은 지름이 150광년 성노에 우리 태양보다 수백만 배는 더 무겁답니다. 그런데 정말 신기한 것은 성운에서 라즈베리와 럼주 냄새가 난다는 거예요. 음. 라즈베리 냄새보다는 럼주 냄새가 더 강하다고 과학자들은 말해요. 뭐, 좋은 일이죠. 맛있는 케이크를 만들려면 럼주가 약간 필요하니까요.

3. 모든 걸 보는 사우론의 눈

「반지의 제왕」이라는 유명한 영화를 본 친구들이 있을 거예요. 나는 영화보다는 같은 제목의 책이 훨씬 더 훌륭하다고 생각하지만요. 나쁜 마법사 '사우론'은 영화에 거의 등장하지 않아요. 하늘에서 그의 커다란 불타는 눈만이 보일 따름이죠. 그런데 우주에 정말로 그런 눈이 있어요. 바로 '나선 성운'이라 불리는 성운인데요. 이 성운의 중심에 죽은 별이 있는데. 이 별이 먼지 구름으로 싸여 있는 모습이 마치 사우론의 눈처럼 보인답니다. 그래서 이 나선 성운은 '사우론의 눈' 그리고 '신의 눈'이라는 별명을 갖게 되었어요. 나선 성운은 지구에게서 650광년 떨어져 있는데 상당히 가깝다고 할 수 있죠.

4.   다이아몬드 혹은 용암 호수?

지구보다 두 배 정도 큰 '게자리 55 e'라는 신비한 행성이 있어요. 이 행성은 지구처럼 항성을 공전해요. 이 항성이 우리 태양과 비슷한지는 정확히 알려져 있지 않답니다. 만약 이 항성이 우리의 태양과 비슷하다면, 게자리 55 e의 표면 온도는 약 섭씨 1,790도에 이를 거예요. 이 행성은 다이아몬드로 되어 있거나, 표면이 거대한 용암 호수로 덮여 있는 것으로 추측된답니다. 아직 확실히 말할 수는 없지만, 구석구석에 다이아몬드가 돌멩이처럼 굴러다니는 행성을 한번 상상해 보세요. 정말 신기한 풍경일 거예요. 그렇지 않나요?

6.   적색 직사각형 성운

각이 진 천체는 우주에서는 보기 드물어요. 우주에는 모든 것이 둥그스름한 곡선으로 되어 있지요. 하지만 '적색 직사각형 성운'은 이름 그대로 직사각형 모양이지요. 천문학자들은 이 성운의 중심에 있는 별(이름이 HD 44179인 별이에요)이 주변의 모든 것을 커다란 X자 모양으로 보이게끔 하는 게 아닐까 추측한답니다.

5.   솜브레로 은하

이 나선은하는 밤하늘에서 가장 밝은 은하 가운데 하나예요(천문대에 가게 되면 솜브레로 은하를 관측할 수 있느냐고 한번 여쭈어 보세요). 솜브레로 은하라는 이름을 갖게 된 건, 이 은하를 두르고 있는 먼지 띠가 멕시코의 모자인 솜브레로처럼 생겼기 때문이지요. '솜브라'는 스페인어로 '그림자'라는 뜻입니다. 이 단어에서 솜브레로라는 모자 이름이 나온 것 같아요. 솜브레로와 운율이 맞는 단어가 떠오르네요. 피에로! 여러분은 어떤 단어가 떠오르나요?

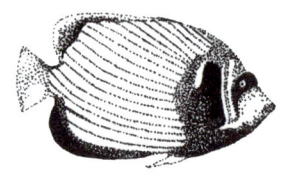

7. 데스스타와 팩맨

나는 「스타워즈」 팬이 아니지만, 영화 「스타워즈」는 모두가 알고 있을 거예요. 멋진 장면들과 천체들이 나오니까요. '데스스타'도 그중 하나지요. 실제 우주에도 「스타워즈」에 나오는 데스스타처럼 보이는 천체가 있어요. 바로 토성의 위성 '미마스'랍니다. 데스스타만 닮은 것도 아니에요. 우주 탐사선 카시니가 찍은 적외선 영상을 보면, 미마스는 팩맨과 비슷하게 생겼어요. 팩맨을 아나요? 여러분의 부모님은 틀림없이 아실 거예요!

8. 해골 유치원

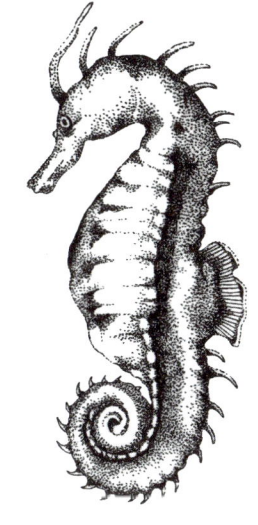

해적이 되고 싶었던 적이 있나요? 나쁜 해적 말고 친절한 해적 말이에요. 바다를 가로질러 가고 싶은 곳에 가고, 자유롭게 살고, 온갖 모험을 하고… 어때요? 괜찮다고요? 그렇다면 여러분은 해골 성운에 관심이 있을 거예요. 이 성운은 정말로 해적 깃발에 그려진 해골처럼 보인답니다. 원래 이름은 'NGC 2467'로, 이곳은 어린 별들이 태어나고 자라는 곳입니다. 어린 별들의 출생지이자 유치원이라고 할까요?

지은이 미하엘은 어떤 사람일까요?

물론 여러분에게 나에 대해서도 말해 줘야죠. 여러분은 이 책의 지은이가 어떤 사람인지 궁금할 거예요. 대체 누가 여기서 여러분과 지금 재잘재잘 이야기를 하고 있는지 말이에요. 어린 시절 나는 커서 다음과 같은 직업을 가져 보면 좋겠다고 생각했어요.

1. 우주 비행사가 되고 싶었어요. 어릴 적에 나는 태양 뒤편에는 태양빛을 켰다 껐다 할 수 있는 스위치가 있을 거라고 생각했어요. 그래서 우주 비행사가 되어 태양까지 날아가 내가 원할 때마다 내 손으로 이런 스위치를 껐다 켰다 하고 싶었죠.

2. 계속 우주 비행사가 되고 싶었어요. 달 표면에서 물고기들이 사는 연못가에 우주선을 착륙시키면 얼마나 멋질까 생각했죠. 진공(공기가 없는 상태) 문제는 너무 어려서 생각하지 못했거든요.

3. 음… 우주 비행사가 되고 싶긴 했는데 더 정확히 말하면 러시아 우주 비행사가 되고 싶었어요. 처음으로 라디오에서 러시아(당시는 아직 소련) 국가를 들었는데, 러시아인들이 우리보다 훨씬 더 노래를 잘 부른다는 생각이 들었기 때문이에요.

4. 갑자기 그냥 비행기 조종사가 되어야겠다 생각했어요. 어느 순간 우주 비행사가 너무 비현실적인 장래 희망으로 보였기 때문이에요.

5. 그다음엔 해양생물학자가 되고 싶었어요. 해양에 사는 동물들(특히 문어!)이 너무나 매력적으로 다가온 데다, 우주에서 경험할 수 있는 무중력 상태는 잠수하면서도 경험할 수 있을 거라는 생각이 들었거든요.

6. 미확인동물학자(미확인동물학자 혹은 신비동물학자가 뭐냐면요, 아무도 본 적이 없는 미지의 동물들을 찾아다니는 사람들을 말해요)가 되어 깊은 바닷속으로 (가급적 작은 잠수함을 타고요) 여행해서, 새로운 동물을 발견하고 최초로 이름을 붙여 주고 싶었어요. 가령 '뱀파이어 오징어' 같은 이름요. 흠, 유감스럽게도 누군가 나보다 먼저 그런 동물을 발견해서 그렇게 이름을 붙였지 뭐예요. 이럴 수가!

7. 아주 잠깐은 치과의사가 되면 어떨까 했어요. 그러면 앞으로 치과에 안 가고, 내가 내 치아를 돌볼 수 있을 거라고 생각했으니까요. 여러분도 그런 생각을 해본 일이 있나요? 그리고 쉿, 이건 약간 비밀인데요. 어느 때인가는 세계 최고의 테니스 선수가 되고 싶다는 생각도 했어요. 갑자기 테니스에 푹 빠져서 시간만 나면 테니스장에서 살았던 때가 있었는데, 몇몇 사람이 나에게 테니스에 소질이 있다고 했거든요.

8. 그런 다음에는 작가가 되고 싶었어요. 타자기를 선물로 받았고, 글을 써 보았는데 모두가 내 이야기를 좋아한다는 걸 알았거든요. 나는 당시에 내가 아는 모든 연못, 강, 개울에 대해 글을 썼어요. 바다는 너무 멀고 우주처럼 닿을 수 없는 곳으로 여겨져서요!

자, 여행을 시작합시다

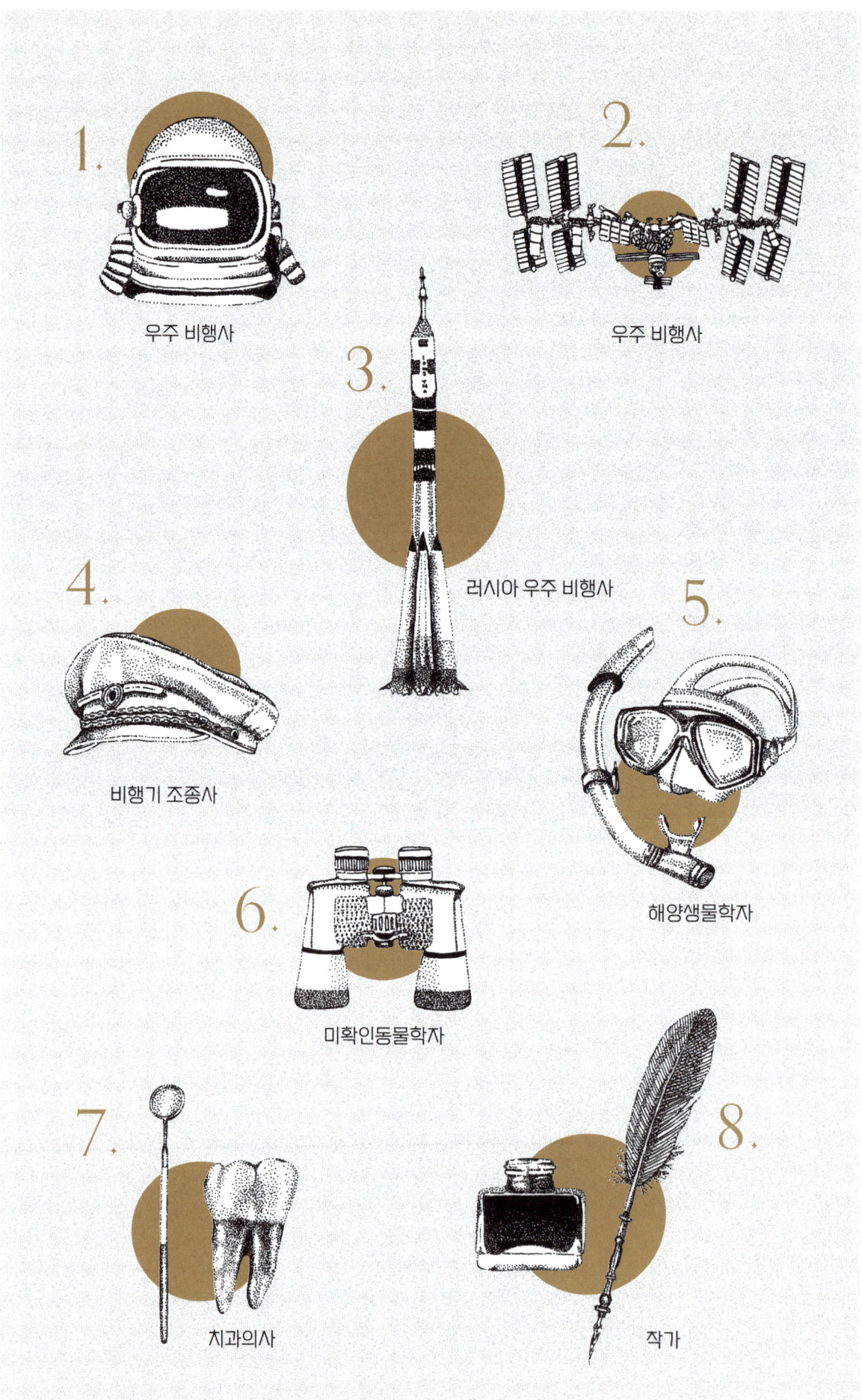

몇 줄 비워 놓을 테니, 여러분의 장래 희망을 직접 써 봐요. 여러분이 쓰는 동안 나는 그다음 이야기를 어떻게 이어 나갈지 생각하고 있을게요.

1. ~~~~~~~~~~~~~~~~~~~~~~~~~~~~~~
2. ~~~~~~~~~~~~~~~~~~~~~~~~~~~~~~
3. ~~~~~~~~~~~~~~~~~~~~~~~~~~~~~~
4. ~~~~~~~~~~~~~~~~~~~~~~~~~~~~~~
5. ~~~~~~~~~~~~~~~~~~~~~~~~~~~~~~
6. ~~~~~~~~~~~~~~~~~~~~~~~~~~~~~~
7. ~~~~~~~~~~~~~~~~~~~~~~~~~~~~~~
8. ~~~~~~~~~~~~~~~~~~~~~~~~~~~~~~

다 썼나요? 한번 큰 소리로 읽어 봐요. 내가 들어 볼게요!

재미있어요, 정말 정말 재미있어요. 이런 장래 희망 중 하나가 꼭 이루어지기를 바라며 엄지척을 해 주고 싶네요. 그리고 나중에 사람들이 뭐라고 말하든 간에, 여러분이 원하기만 하면 뭐든 될 수 있다는 걸 기억하세요. 물론 아주아주 간절히 원한다면요!

색연필을 가져와서
이 그림을 예쁘게 색칠해 보아요.

2

학교에 무슨 옷을 입고 갈지
선생님께 뭐라고 대답할지
알려주는 문어가 있으면
정말 좋겠네.

바다 깊은 곳

지구의 생명은 어떻게 탄생했을까요?

정말로 (거의) 문어에 대해서만 이야기하기 전에 또 무슨 이야기를 짚고 넘어가야 할까요? 음… 지구에 생명이 어떻게 시작되었는지 잠시 살펴보는 게 좋을 것 같아요. 이건 물론 아주 어려운 질문이라, 정확한 답은 아직 나와 있지 않답니다. 많은 과학자들이 지구의 생명은 약 35억 년 전 바다에서 시작되었다고 해요. 생명이 바다에서 처음 나왔다는 거예요. 처음에 생물은 물속에 살았는데, 어느 순간 육지로 올라왔어요.

이렇게 상상해 볼까요. 그때는 물속에 어마어마하게 많은 생물이 있었어요. 그러다가 어느 날 정말 시끄럽고, 너무 붐비고, 너무 스트레스가 심해졌어요. 그런 생물들이 계속 진화해서 지느러미에서 발이 생기고, 아가미가 허파로 변했다고 과학은 알려 줘요. 더 자세히 알고 싶은 친구들을 위해 말하자면, 그걸 '진화', 그리고 '진화생물학'이라고 불러요(진화에 대해서는 나중에 다른 책에서도 읽을 수 있을 거예요. 그런 책들은 생물종이 진화하는 이야기를 들려줄 거예요).

지구 표면의 약 70퍼센트는 바다로 되어 있고, 야 30퍼센트만 육지로 되어 있어요. 따라서 바다에 사는 것이 더 당연한 일일지도 모르겠어요. 결국 지구가 푸른 행성이라 불리는 것도, 바다가 지구의 많은 부분을 차지하고 있어서 우주에서 보면 푸르러 보이기 때문에 그런 이름이 붙은 것이니까요. 인간의 몸 역시 주로 물로 구성되어 있다는 것도 흥미로워요.

어린아이는 많으면 몸의 85퍼센트가 물로 되어 있다고 해요. 어른은 70퍼센트 정도고요. 노인이 되면 몸속의 수분이 줄어들어서 물이 몸의 50퍼센트 정도를 구성한다고 합니다.

지구의 70퍼센트가 물인데, 우리 몸도 70퍼센트가 물로 되어 있다는 게 신기하지 않나요? 어릴 때 나는 우리 눈물 속에도 바닷물처럼 소금이 들어 있다는 사실이 무척 신기했어요. 하지만 비율은 달라요. 정확하지는 않지만, 바닷물에 든 소금은 눈물의 세 배에 이른다고 해요. 뭐 아무튼 그렇다고 합니다!

똑똑한 친구들을 위해

임신 7주가 되면 인간 배아는 4주가 되며 C자로 휘어진 모양을 하고 있어요. 둥근 호의 한쪽 끝에는 머리가 있고 다른 쪽 끝에는 꼬리가 있지요. 이때 배아는 사람이라기보다 새우처럼 보입니다. 따라서 어떤 과학자들이 언젠가 인간에게 아가미가 있었을 거라고 보는 것도 놀랄 일이 아니에요. 아가미가 진화해 인간의 귀가 되었다고 보는데, 심지어 어떤 사람들의 귀에는 아가미가 퇴화한 흔적이 남아 있다고 하네요.

어떻게 생명이 물로 들어왔을까요?

한 가지는 확실해요. 물이 없으면 생명도 없다는 것!

자, 아까의 질문으로 되돌아가서, 어떻게 생명이 물속으로 들어왔을까요? 많은 과학자들은 생명이 우주에서 왔다고 해요. 자, 우선 우리 지구가 늘 지금 같지는 않았다는 점을 알아 두어야 해요. '제대로 된' 지구가 생기기 전에 지구는 가스와 먼지로 이루어진 구름에 불과했어요. 주변 우주에는 셀 수 없이 많은 크고 작은 천체들이 돌아다니고 있었지요. 암석과 얼음 덩어리가 충돌하면서 합쳐져 차츰 원시 지구가 만들어졌어요. 또 다른 천체들(혜성들-혜성들도 얼음으로 이루어져 있어요!)도 지구와 합쳐졌지요. 지구에는 들끓는 용암으로 된 바다도 있었어요. 곳곳에서 김이 나고 연기가 자욱했죠. 처음에 지구는 생명이 살 수 없는 뜨거운 불덩어리였어요.

원시 지구에 대해 너무 자세히 들어가면 머리 아프니까 이쯤에서 그만두고요. 어느 순간 지구는 서서히 식어갔어요. 그래서 김이 물이 되었고, 모든 것이 지금의 지구 모습을 띠기 시작했답니다!

지구와 충돌하면서 합쳐졌던 여러 혜성 중에는 생명체의 씨앗을 품은 것들이 있었을 거예요. 그렇게 생명이 물속에 들어왔고 그곳에서 진화하게 되었던 것이랍니다. 최근에 나는 (바닷속에 있는 것과 같은) 살아 있는 플랑크톤이 국제 우주정거장의 바깥 표면에서도 발견되었다는 소식을 읽었어요. 신기하지 않나요?

> ## 똑똑한 친구들을 위해
>
> '플랑크톤'(그리스어로 '방랑자', '돌아다니는 것'이라는 뜻)에 대해서 좀 알아볼까요? 플랑크톤은 물속에서 살아간답니다(물속에서 떠다니며 살아요. 스스로 약간 움직이거나 아니면 아예 못 움직여요). 물의 흐름에 몸을 맡기고 살아가기 때문에 플랑크톤이 움직이는 방향을 보면 물이 어디로 흘러가는지 알 수 있지요. 플랑크톤이 없다면 바닷속에서 아무런 생물도 살지 못할 거예요. 고래도, 문어도, 상어도 없을 거예요. 플랑크톤이 먹이사슬의 가장 밑바닥을 이루거든요.

따라서 이런저런 생명체의 씨앗들이 먼 우주에서 와서, 혜성(이나 커다란 유성) 같은 천체들에게 도움을 받아 지구의 바다에 이르렀을 거라고 과학자들은 보고 있어요. 그러니까 모든 생물은 '외계'에서 온 것이에요. 우리도 마찬가지고요!

문어 같은 생물을 살펴보려 할 때 이런 점은 꼭 알아야 한다고 생각해요. 그리고 바다에는 정말 신기한 동물이 많이 살고 있어요. 과학자들이 연구한 바다는 전체 바다의 5퍼센트에 지나지 않는다는 걸 알고 있나요? 아, 정말 조금밖에 안 돼요! 그러니 인간이 지구의 바다보다 달이나 화성에 대해 더 많이 알고 있다 해도 틀린 말이 아니에요. 그리고 바다에는 아직 발견되지 않은 미지의 생물이 적어도 100만 종에 달할 거라고 예측한답니다.

이제 바다에 사는 동물 가운데 내가 가장 좋아하는 동물들을 여러분에게 소개할게요. 내게 이들은 마치 다른 별에서 온 것처럼 느껴져요. 물론 여기 소개하는 동물들 말고도 흥미로운 동물은 많아요. 물속에는 흥미로운 생물들이 정말 많이 있거든요.

1. 문어, 오징어, 갑오징어(이들에 대해 이제 정말로 자세히 살펴볼 거예요!).

2. 해파리는 '메두사'라고도 불려요. 바다에 사는 해파리 중 아예 죽지 않는 해파리도 하나 있어요. '불멸의 해파리'(학명은 투리톱시스 도르니)라고 불리죠. 해파리에 대해서는 책 한 권을 더 써야 할 정도로 할 이야기가 많습니다.

3. 검목상어를 아나요? 이 상어는 시가상어나 쿠키커터상어라고도 불려요. 생김새가 두툼하고 갈색빛이 도는 시가처럼 생겼기 때문이지요. 몸집은 크지 않은데, 물리면 동그란 쿠키 모양의 상처가 나서 쿠키커터상어라는 이름이 붙었답니다. 크리스마스 쿠키를 만들 때 이 상어가 모양을 만들어 주면 좋겠어요.

4. 길쭉하고 큰 코를 가진 듯한 모습의 고블린상어. 이 상어가 재미있다고 생각한 이유는 어렸을 때 엄마가 나에게 고블린을 닮았다고 했기 때문이에요. 하지만 내 코는 크지 않아요. 아주 보통 크기라고요. 정말이에요.

5. 유령게는 꼭 사마귀처럼 생겨서 '물속의 사마귀'라고 부르고 싶네요. 사마귀는 육지에 사는 곤충인데, 꽤 흥미롭게 생겼어요. 한번 관찰해 보세요!

6. 길이가 자그마치 17미터까지 자란다는 산갈치도 흥미로워요. 산갈치는 '물속에 사는 용뱀'이라고 부르고 싶군요.

7. 나뭇잎해룡은 역시나 용처럼 생겼어요. 용과 해마의 중간 정도라고 할 수 있을 거예요.

8. 심해아귀는 정말 놀라워요. 암컷의 머리에서 막대처럼 생긴 것이 자라는데, 그 끝에 빛나는 구슬이 달려 있어 빛이 나요. 이 구슬이 빛이 없는 바닷속에서 먹잇감들을 유혹한답니다. 그 밖에도 심해아귀는 암컷보다 훨씬 작은 몸집의 수컷이 암컷 몸에 붙어서 자라난답니다. 서로에게 도움이 되기 때문이지요. 그래서 두 마리인데도 한 마리처럼 보여요! 신기하지 않나요?

1. 문어
2. 해파리
3. 검목상어
4. 고블린상어
5. 유령게
6. 산갈치
7. 나뭇잎해룡
8. 심해아귀

따라서 간단히 말해 먼 우주와 마찬가지로 깊은 바다는 우리에게 미지의 세계로 남아 있어요. 그런 생각을 하다 보면 우주는 바다와 비슷하다는 생각이 들어요. 혜성, 행성, 별, 은하 등이 무한한 공간에 떠다니는 어마어마한 공간이고요. 우리도 함께 떠다니고 있지요. 우리는 지구와 함께 태양을 돌고, 태양은 다시금 은하수(우리 은하를 은하수라고 불러요)의 중심을 돌고 있어요. 모두가 춤을 추며 떠다니고 있어요. 마치 거대한 우주의 회전목마처럼요.

우리 인간들은 우주의 다른 곳에도 생명체가 있는지 궁금해해요. 우리가 사는 지구의 생물들도 다 알지 못하면서 말이에요. 그럼 함께 문어가 사는 곳으로 내려가 볼까요. 그곳에서 놀라운 발견들이 우리를 기다리고 있답니다.

✦

〜〜〜〜〜〜

지구가 푸른 행성이라 불리는 것은
바다가 지구의 많은 부분을
차지하고 있어서 우주에서 보면
푸르러 보이기 때문에
그런 이름이 붙은 것이에요.

〜〜〜〜〜〜

3

문어가 마트에 가서
문어를 파는
수산물 코너를 본다면
어떤 표정을 지을까?

문어의 나라

다리가 8개 달린 동물

문어를 만져 보면 연하고 촉촉하고 미끈미끈해요. 그리고 잘 늘어나는 느낌이 들지요. 약간은 찰흙 같기도 하고, 목욕할 때 쓰는 젖은 스펀지 같은 느낌도 나요. 물고기처럼 끈적거리기도 하고, 입속의 껌 같은 느낌도 나고요. 여러분도 한 번씩 만져 보면서 자신만의 말로 표현해 보면 좋을 거예요.

아시아와 지중해 지역에서는 문어를 오래전부터 '해산물'로 즐겨 먹었어요. 요즘에는 중부 유럽에서도 문어와 오징어를 식재료로 활용하고 있답니다. 가령 빈의 시장에 가면 문어를 쉽게 구입할 수 있어요. 사람들은 동물을 먹어요. 하지만 동물도 동물을 먹어요. 무엇을 먹고 무엇을 안 먹을지는 각자 선택해야지요. 문어 요리는 별미로 여겨지지만, 문어들은 자신들이 식탁 위에 오르는 게 마땅치 않겠지요.

이제 순수하게 과학적인 눈으로만 살펴보기로 해요. 문어는 '연체동물'이고, 두족류(케팔로포다)에 속해요. 두족류, '케팔로포다'! 어른들에게도 어려운 말이에요. 이 말은 고대 그리스어 '케팔'(머리)과 '포드'(발)가 합쳐진 단어랍니다. '머리발' 그렇게 해서 한자로 '두족류'가 된 것이지요. 어떻게 보면 아주 뻔한 말이에요. 그도 그럴 것이 문어가 어떻게 생겼는지 생각해 봐요. 커다란 머리에 발이 많이 달렸잖아요! 사람들은 모든 걸 외모로 평가하고 이름을 짓곤 하죠. 동물들의 학명은 대부분 고대 그리스어와 라틴어로 되어 있답니다. 다른 예를 들어 보라고요?

그러죠 뭐! 음, 악어(크로커다일)를 예로 들어볼까요. '크로커다일'은 라틴어 '크로코딜루스'에서 온 말인데, 이 라틴어는 원래 그리스어 '크로코딜로스'에서 왔고, 이 그리스어는 '도마뱀'이라는 뜻이에요. 따라서 '크로코딜로스'라는 단어가 먼저 있었다가 나일강의 악어에 쓰이게 된 것이랍니다. 이 그리스어는 구성이 흥미로워요. '크로케'는 '자갈'이라는 뜻이고, '드릴로스'는 '벌레'라는 뜻이에요. 그러니 '크로커다일'이라는 단어는 '자갈벌레'라는 뜻이 되는군요. 흠, 역시나 별로 기발한 이름은 못 되는 것 같아요. 사람들은 미지의 동물들에게 이런 식으로 쉽게 이름을 지어 준답니다.

문어의 나라

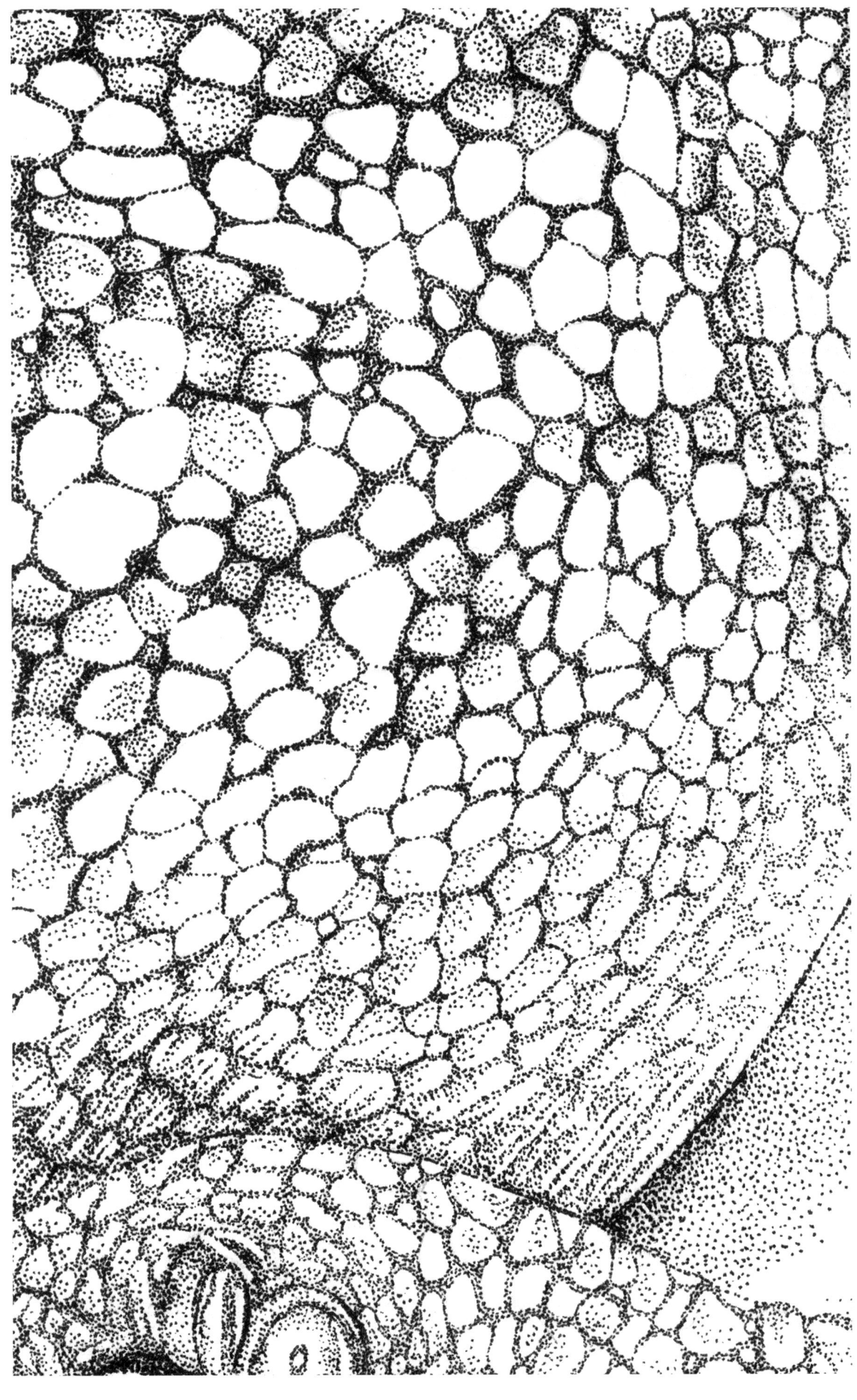

문어를 뜻하는 영어 단어 '옥토퍼스'(물론 짐작했겠지만 그리스어에서 온 말이에요!)는 '8개의 발'이라는 뜻이에요. 그도 그럴 것이 문어에겐 8개의 '촉수'가 있으니까요. 물론 우리는 보통 촉수라고 하지 않고 그냥 8개의 팔이라고 부르지요.

8이라는 숫자는 이 책에서 계속 우리와 함께할 거예요. 문어들은 8이라는 숫자를 가장 좋아할 거예요. 팔이 8개이니 8까지는 너끈히 셀 수 있을 테니까요. 그리고 앞에서 내가 어릴 적 장래 희망을 말하면서 8번까지 적었던 거 기억나요? 내가 좋아하는 바닷속 동물도 8가지를 말했었잖아요! 하하, 앞으로도 8을 많이 애용할게요. 참고로 8을 바닥에 넘어뜨려서 눕히면 뭐가 되는지 알아요? 바로 수학에서 무한대를 표시할 때 쓰는 기호 ∞가 돼요. 이로써 다시금 무한한 우주가 떠오르는군요.

똑똑한 친구들을 위해

얘기하지 않고 넘어가면 섭섭하니까 관심 있는 친구들을 위해 설명할게요. 앞에서 나온 '촉수'를 뜻하는 영어 단어 '텐타클'은 '텐타레'에서 유래했어요. '느끼다', '만지다'라는 의미죠. 그래서 촉수란 '느끼고 만지는 팔'이라는 뜻이랍니다. 따라서 촉수는 문어 같은 동물들의 주요 신체 부위인 것이죠. 이 자리에서 한 가지 귀띔하자면요. 문어들에겐 사실 좋아하는 팔이 있어요. 특히나 애용하는 팔 말이에요. 빈 대학의 연구자 루스 번이 알아낸 바에 따르면 문어들은 이론상 448가지 방법으로 촉수를 움직일 수 있대요. 하지만 물체를 만질 때는 팔을 하나, 둘 혹은 셋만 사용하는 49가지 방법만 사용한답니다. 어쨌든 한 가지는 확실해 보여요. 가장 애용하는 팔은 보통 문어의 앞쪽에 달려 있다는 것 말이에요. 뒤쪽 팔들은 보통 이동하는 데 활용되지요.

여러분은 왼손잡이인가요, 오른손잡이인가요? 동물들에게도 왼손잡이, 오른손잡이가 있어요. 가령 침팬지가 그래요. 침팬지는 대부분 왼손잡이입니다. 반면에 바다코끼리는 거의 오른손잡이라서, 오른쪽 앞 지느러미를 사용하는 것을 좋아한답니다. 이건 그냥 지나가면서 한 이야기예요.

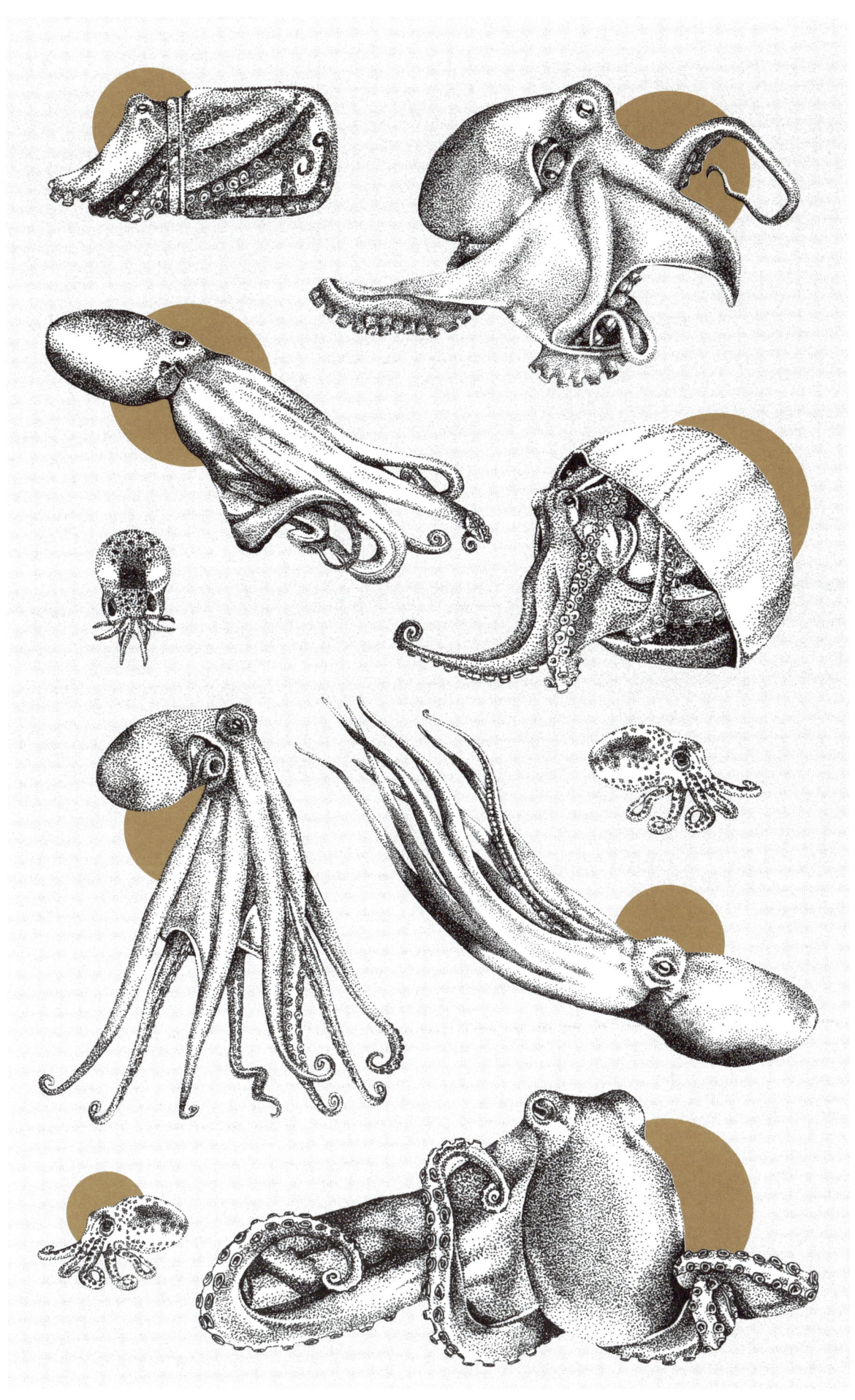

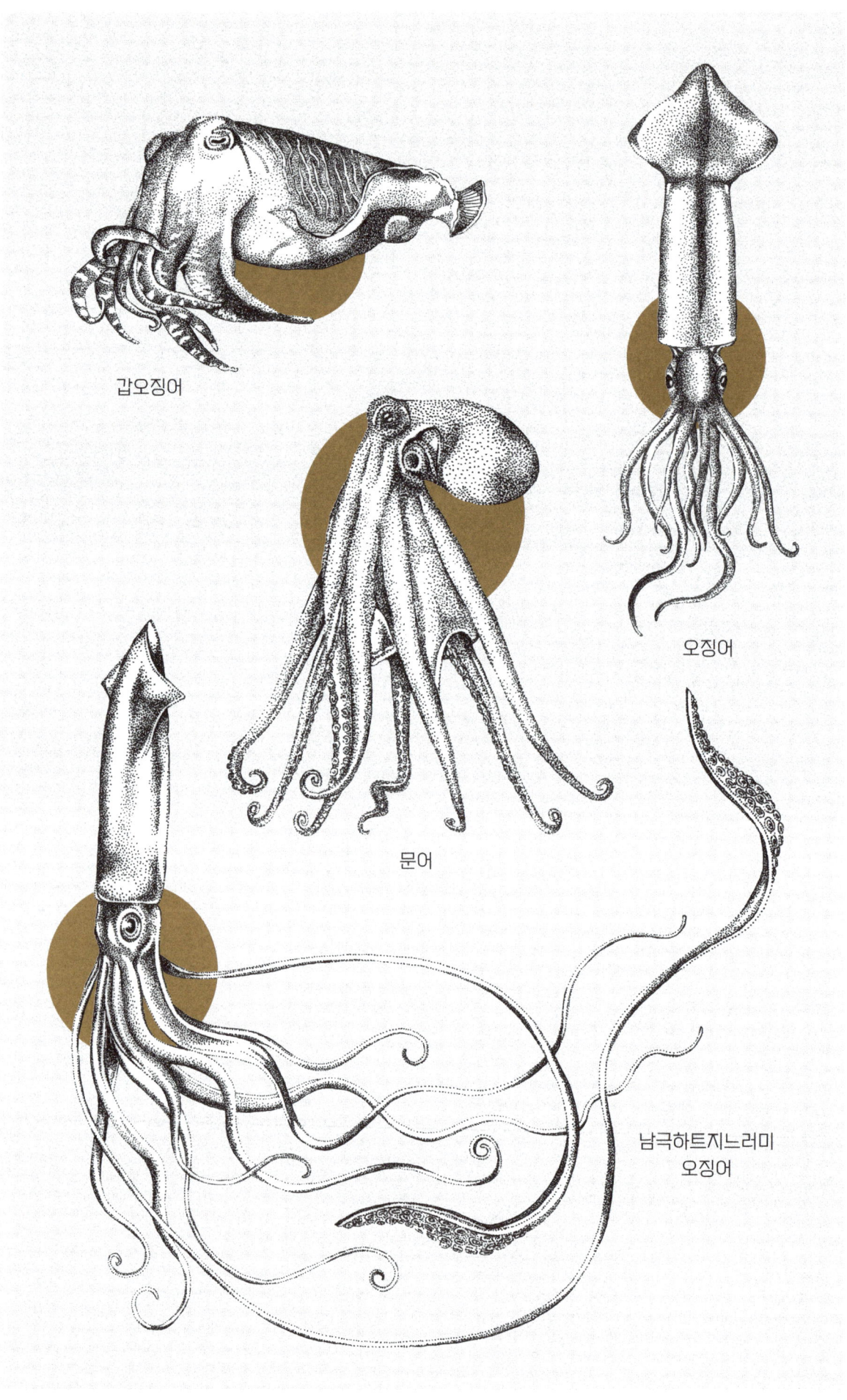

문어, 오징어, 갑오징어?

문어는 모양과 크기가 매우 다양해요. 어떤 문어는 크기가 불과 몇 센티미터밖에 되지 않고, 어떤 문어는 족히 7미터 이상에 달하지요. '대왕문어'는 가장 몸집이 큰 문어로 알려져 있어요. 기네스북에 기록된 바에 따르면 지금까지 최고 커다란 문어는 몸무게가 136킬로그램에 팔 길이가 9.8미터에 이른다고 해요(2019년 기록).

문어를 오징어나 대왕오징어랑 혼동해서는 안 돼요. 오징어도 두족류지만, 오징어는 다리가 10개 달려 있거든요. 그중 2개는 아주 길지요. 게다가 오징어는 마치 척추처럼 뻣뻣한 등뼈 비슷한 구조를 가지고 있어요. 대왕오징어는 길이가 10미터가 넘고, 향유고래가 좋아하는 먹잇감이랍니다. 『모비 딕』을 들어본 적 있나요? 부모님께 한번 여쭤보세요.

고래와 문어가 싸우는 사진을 본 적이 있다고요? 그렇다면 그건 문어가 아니라 아마 오징어일 거예요. 오징어 가운데 가장 큰 오징어는 '남극하트지느러미오징어'(메소니코테우티스 하밀토니)와 '대왕오징어'(아르키테우티스 둑스)랍니다.

문어와 비슷한 동물이 또 하나 있어요. 이 동물 이야기만 지나면 문어와 구별해야 하는 동물 이야기는 끝나요. 바로 '갑오징어'(세피아 오피키날리스)랍니다. 갑오징어는 몸통 주변에 주름 장식처럼 지느러미가 둘러싸고 있고, 입 근처에는 10개의 다리가 달려 있어요. 42쪽의 그림을 자세히 보면 갑오징어의 다리가 8개만 보이지요. 다리 2개는 자신의 외투 주머니 속에 넣고 있기 때문이에요. 사냥할 때만 이 두 다리가 보이지요. 그러니까 그림 속 갑오징어는 지금 쉬고 있는 중이랍니다.

문어에 대한 으스스한 이야기들

두족류(그러니까 문어를 포함해서요)가 등장하는 무서운 이야기를 들어 본 사람이 많을 거예요. 문어들(오늘날에는 이것이 오징어라는 걸 알고 있어요)이 배에 달라붙어서 배를 깊은 바닷속으로 끌어내린다는 이야기가 예전에 전 세계에 퍼져 있었죠. 스칸디나비아나 그리스 같은 곳에서 유래한 전설들이 책과 영화로 만들어지곤 했으니까요. 호메로스의 영웅 오디세우스도 자신의 가장 용감한 여섯 친구가 다리 12개에 머리가 6개인 괴물 스킬라(문학에서는 늘 이런 모습이 과장되죠)에게 잡아먹히는 장면을 보지요. 피터 벤츨리의 호러 소설 『죠스』를 잇는 『야수』라는 소설에도 두족류가 으스스하게 등장하지요.

쥘 베른의 『해저 2만 리』를 한번 읽어보세요. 이 소설에 배를 침몰시키는 바다 괴물에 대한 전설이 등장하거든요.

"머리에 팔이 8개 달려 있지 않나요? 물속에서 뱀처럼 움직이는 팔들 말이에요." 콩세유가 노틸러스호의 뱃전에서 아로낙스 교수에게 물었다. "맞아." 아로낙스 교수가 대답했다. "눈은 아주 크고 툭 튀어나와 있고요?" "맞다네, 콩세유." "입은 앵무새 부리처럼 생겼는데 엄청 크지요?" "그렇지." "맙소사! 저기 창밖 좀 내다보시겠어요. 저기 보이는 놈이 부게 선장이 말한 오징어 아닙니까? 최소한 그 오징어의 형제뻘은 되어 보여요!"

이제 네모 선장은 선원들과 함께 이런 "새 부리를 가진 연체동물"들로부터 배를 지키려고 엄청 애를 써요. 도끼로 오징어의 팔을 잘라 버리는 것이 마지막 남은 방법으로 보이는데요…

빅토르 위고의 소설 『바다의 노동자』에서 '질리아'라는 이름의 주인공은 끔찍한 문어와 겨루어야 해요. 이 부분에 이런 말이 나온답니다. "물컹거리는 게 의지를 가지고 있단 말이지. 이보다 끔찍한 게 또 있을까! 증오로 채워진 점액질 덩어리." 유명한 해적 영화인 「캐리비안의 해적」에서도 거대한 문어가 등장한답니다. 문어가 배 전체를 다리로 움켜쥐고 주인공 중 하나가 바닷물에 풍덩 빠지고 말아요. 그러자 다른 등장인물이 "어이, 친구. 얼른 피해!"라고 소리치지요. 그런데 그 순간 문어의 길다란 팔 하나가 물속에서 쑥 나와서는 그를 죽이고 만답니다. 중세에는 심지어 주교들(1555년 웁살라의 올라우스 마그누스와 18세기 초 에리크 폰토피단)도 문어에 대해 글을 썼어요. "헤엄치는 괴물, 비열한 문어가 있는데, 마치 떠다니는 섬처럼 크다"며, "등만 해도 길이가 2,800미터고, 중간 규모 선박의 돛대처럼 많은 뿔이 나 있다"고 했지요.

문어의 나라

심지어 미국의 몇몇 호수, 오클라호마의 선더버드호, 텐킬러호, 올로가호에는 위험한 민물 문어가 있어, 사람들을 물에 빠뜨려 죽인다고 합니다. 그런 뉴스가 심심치 않게 미국 언론에서 보도되는데, 물론 문어의 존재는 증명되지 않았어요. 일종의 '네스호의 괴물'이라고 할 수 있을지도 몰라요. 네스호의 괴물에 대해 들어본 적이 있지 않나요?

그래요. 문어는 영화와 책에 악역으로 많이 등장하지요. 그렇기 때문에 문어에 대한 괜한 두려움이 부추겨지곤 한답니다. 그러나 사실 문어는 돌고래, 원숭이, 까마귀, 코끼리, 강아지와 더불어 지구에서 가장 똑똑한 동물 가운데 하나예요. 그러니 두려워하는 대신 문어를 대단하게 여기면서 문어의 입장이 되어 문어가 어떤 삶을 사는지 보면 좋을 거예요. 문어가 주변 환경을 어떻게 감지하는지, 또 무엇을 할 수 있는지를 알아봅시다. 그렇게 하면 우리의 얕은 지식 세계를 조금 더 넓힐 수 있을 거예요. 우물 안 개구리처럼 살지 말고, 좀 더 많은 것을 배우는 편이 좋으니까요.

내가 개인적으로 좋아하는 8종류의 문어들을 소개해 볼게요. 그중 2종은 이미 앞에서 이야기했어요.

1. 대왕문어(엔테록토푸스 도플레이니): 이 문어는 특히나 지능이 높은 문어라고 해요. 이미 말했듯이 대왕문어는 알려진 모든 문어 가운데 가장 커다란 종이랍니다. 수족관에 데려다 놓으면 어려운 일도 척척 할 거예요. 수족관의 유리를 열고 숨은 먹잇감을 찾아다닐 거고요. 그 밖에도 사람을 알아보고 구별할 수 있답니다. 게다가 물이 깨끗하지 않으면 아주 민감하게 반응하지요.

2. 흡혈오징어(밤피로테우티스 인페르날리스): 팔들이 (꼭 박쥐처럼) 피부로 연결되어 있어서 이런 이름이 붙었답니다. 흡혈오징어는 크기가 약 30센티미터고, 발광 기관이 있어 빛을 뿜을 수 있답니다(이를 생물학에서는 '생물 발광'이라고 부르지요). 흡혈오징어는 깊은 바다에 살며, 체구에 비해 눈이 아주 커요. 몸 크기를 생각해 볼 때 비율상으로 동물계에서 가장 큰 눈을 가지고 있답니다.

3. 남극거대문어(메갈레레도네 세테보스): 대략 90센티미터 길이에, 지금까지 발견된 가장 큰 남극거대문어는 무게가 27킬로그램이었어요. 독을 활용해 먹잇감을 사냥하는데, 이 독은 영하의 온도에도 효력을 미친답니다. 이외에도 다른 많은 종의 문어들이 이 문어에서 진화한 것 같아요(그래서 약간 독성이 있다고요). 여하튼 몇몇 연구들은 그것을 보여 주고 있답니다.

4. 흉내문어(타우목토푸스 미미쿠스): 위장을 정말로 잘해요. 바다뱀, 바다달팽이, 홍합, 가오리, 해파리, 게, 말미잘, 가자미 등 열댓 종류의 다른 동물로 변신할 수 있는데 감쪽같이 속을 정도로 진짜처럼 보여요. 흉내문어의 가장 특별한 점은 외모뿐 아니라 각 동물의 행동까지 모방한다는 것이랍니다.

5. 원더푸스문어(운데르푸스 포토게니쿠스): 이 문어는 인도네시아 앞 얕은 바다에서 살며, 역시나 다른 동물들을 곧잘 흉내 낸답니다. 무엇보다 '쏠배감펭'을 거의 완벽하게 모방할 수 있어요.

6. 파란고리문어(하팔로클라에나 루눌라타): 이 문어는 몸집이 10센티미터가량이고, 세계에서 가장 맹독성인 동물 가운데 하나랍니다. 몸체에 있는 파란 고리 무늬가 빛을 발하기 때문에 눈에 잘 띄어요. 파란고리문어는 주로 호주 북쪽 바다에 사는데, 한 번만 물려도 사람이 사망할 수 있다고 합니다. 복어에게 있는 것과 같은 테트로도톡신이라는 독성 물질을 분비하지요.

7. 보라문어(트레목토푸스 비올라케우스): 보라문어는 꽤 많은 곳에 살고 있는 문어 종으로, 두 가지 특징이 있답니다. 암컷은 몸집이 2미터, 무게가 10킬로그램에 이르는 반면, 수컷은 몸집이 3센티미터, 무게가 250밀리그램에 불과하답니다. 그러니까 수컷의 몸집이 암컷 문어의 눈동자만큼밖에 안 되는 것이에요. 수컷과 새끼 암컷은 스스로를 지키기 위해 고깔해파리(해파리의 일종으로 몸이 마치 포르

투갈의 범선처럼 생겼답니다)에게서 떨어져 나온 독 있는 촉수를 자기 것인 양 활용한답니다. 보라문어는 고깔해파리의 독에 면역이 되어 있거든요.

8. 캐스퍼문어: 최근에 발견된 문어로 거의 미지의 종이라 할 수 있어요. 하와이 근처 4,000미터 아래의 깊은 바다에 산답니다. 보통 문어들이 피부 색깔을 바꿀 수 있는 것과는 달리(이건 나중에 더 살펴보려고 해요) 이 문어는 피부에 그런 기능이 없어 피부가 창백하답니다. 캐스퍼문어는 몸집이 10센티미터에 불과하고 외모는 만화영화에 나오는 꼬마 유령 캐스퍼를 닮았답니다.

문어의 나라

흠, 이 친구들이 바로 '나의 문어들'이에요. 여러분은 살면서 더 많은 문어들을 발견하게 될 거예요. 두족류에 속하는 생물종은 1,000종이 넘게 알려져 있으니까요. 앞으로 얼마나 많이 발견될는지 누가 알겠어요? 고대 그리스에서는 문어가 사랑을 상징하기도 했어요. 자, 이런 매력적인 문어들을 따라 바닷속 여행을 해 봅시다! 2021년에는 문어와 다이버 사이의 우정에 대한 다큐멘터리 「나의 문어 선생님」이 할리우드에서 오스카상을 받았답니다. 여러분도 이 다큐멘터리를 보면 좋을 거예요!

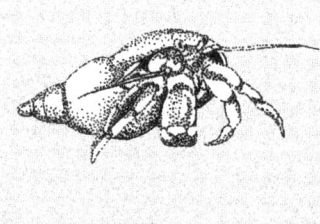

문어를 뜻하는 영어 단어 '옥토퍼스'
(물론 짐작했겠지만 그리스어에서 온 말이에요!)는
'8개의 발'이라는 뜻이에요.
그도 그럴 것이 문어에겐
8개의 '촉수'가 있으니까요.
물론 우리는 보통 촉수라고 하지 않고
그냥 8개의 팔이라고 부르지요.

문어는 영화와 책에 악역으로 많이
등장하지요. 그렇기 때문에 문어에 대한
공연한 두려움이 부추겨지곤 한답니다.
그러나 사실 문어는 돌고래, 원숭이,
까마귀, 코끼리, 강아지와 더불어
지구에서 가장 똑똑한 동물에 속해요.
그러니 두려워하는 대신 문어를
대단하게 여기면서 문어의 입장이 되어
문어가 어떤 삶을 사는지 보면 좋을 거예요.

4

문어는 색깔을 바꿔.
문어는 게를 좋아해.
문어는 은신처를 꾸미는 것도
좋아할까?

문어와 인간

인간과 문어가 같은 조상에게서 진화해 나왔다는 걸 짐작이나 할 수 있을까요? 네, 사실이랍니다! 지구 생물의 진화를 아주 커다란 시각에서 돌아보면, 인간과 문어의 조상은 같답니다. 지구의 나이는 약 45억 년이고, 최초의 생명은 약 38억 년 전에 생겨난 것으로 추정돼요. 최초의 생명이 바닷속에서 생겨났을 거라는 이야기는 이미 했지요.

생물종의 발생

인간과 문어의 조상은 벌레 같은 생물이었을 것으로 여겨져요('벌레 같은 젤리'라고 표현해 놓은 곳도 있더라고요). 이런 생물이 6-7억 년 전에 바닷속에서 살았어요. 종이 다양해지는 현상은 점점 더 가지를 치는 커다란 나무로 상상하면 좋을 거예요. 약 5억 년 전쯤의 '캄브리아기'라 불리는 시대를 시작으로 갑자기 아주 많은 동물들이 생겨났답니다. 그 전에는 동물의 종류가 별로 없었는데 말이에요. 이 일을 '캄브리아기 대폭발'이라고 불러요.

갑자기 왜 그렇게 많은 생물종이 지구에 생겨났을까요? 왜 이런 일이 일어났는지는 아직 수수께끼로 남아 있답니다. 어떤 학자는 캄브리아기에 이르러 바다에 비로소 산소가 많아져서 복잡한 생명체가 생겨날 수 있었다고 생각해요. 어떤 학자들은 당시에 '생물학적 군비 경쟁'이 일어나, 딱딱한 껍질과 뼈를 가진 복잡한 동물들은 그때부터 다른 동물들보다 살아남기에 유리해졌다고 말하지요. 또 다른 학자들은 이 시기 (바다를 포함한) 지구가 두꺼운 얼음층으로 덮여 있었기에, 얼음 아래서 생명이 진화했다고 말해요. 어쨌든! 우리가 확실히 알 수 없는 것들도 많아요. 하지만 당시에 지구의 생명이 엄청 빠르게 진화했다는 사실은 틀림이 없지요.

진화의 한 가지는 우리를 포함하는 척추동물(척추가 뭔지 알 거예요)로 이어졌고, 다른 한 가지는 굴, 달팽이, 거미, 나방 같은 무척추동물로 이어졌어요. 대부분의 무척추동물들은 몸집이 아주 작고, 지능이 별로 없다고 알려져 있어요. 두족류만이 여기서 유일한 예외랍니다. 철학자이자 열정적인 다이버인 피터 고프리스미스는 자신의 책『아더 마인즈』에서 이렇게 쓰고 있어요. "두족류(문어, 오징어, 앵무조개)는 무척추동물이라는 바다 한가운데에 있는 복합적인 정신의 섬이다." 약간 어렵게 다가온다면, 이렇게 간단하게 머릿속에 입력해 두면 돼요. "문어, 오징어, 갑오징어는 무척추동물이지만, 다른 무척추동물과는 비교가 안 되는 똑똑한 동물이다"라고 말이에요. 문어를 제외하고 오징어나 갑오징어에겐 '등뼈' 같은 것이 있어요. 음… 말하자면 '등 지지대'라고나 할까요. 그건 그렇고 예전에는 동물용품 가게 같은 데서 갑오징어 뼈를 팔곤 했어요. 아마 요즘도 팔지 몰라요. 우리 집 앵무새는 갑오징어 뼈를 부리로 즐겨 쪼곤 했답니다. 앵무새는 이렇게 영양분을 섭취한다고 들었어요. 내가 보기엔 이런 활동이 영양을 주기보다는, 앵무새의 부리를 날카롭게 하고 쪼면서 앵무새가 즐거워하는 정도로 그치지 않나 하는 생각이 들지만요.

어쨌든 문어는 등을 지지해 주는 구조물 없이도 잘 살아가요. 과학자들은 갑옷을 입은 듯 딱딱한 것으로 무장한 동물들은 자유자재로 빠르게 움직일 수 있는 생물들보다 장기적으로는 생존에 불리하다고 보지요. 우리도 몸을 맘대로 움직일 수 없게 만드는 두꺼운 갑옷을 입는 것보다는 그냥 홀가분하게 몸을 맘대로 움직이며 빨리 다니는 편이 좋잖아요. 옛날 기사들도 그랬어요. 기사들은 갑옷을 입고 엄청나게 중무장하곤 했지만, 어느 순간 그들이 갑옷을 입지 않고 민첩하게 움직이는 적들에게 오히려 밀린다는 것을 깨달았지요. 그건 그렇고 종이로도 가볍고 멋진 갑옷을 만들 수 있어요(옛날에 한국과 중국 군인들이 그런 갑옷을 입었어요). 화살도 이런 갑옷을 뚫지 못했답니다.

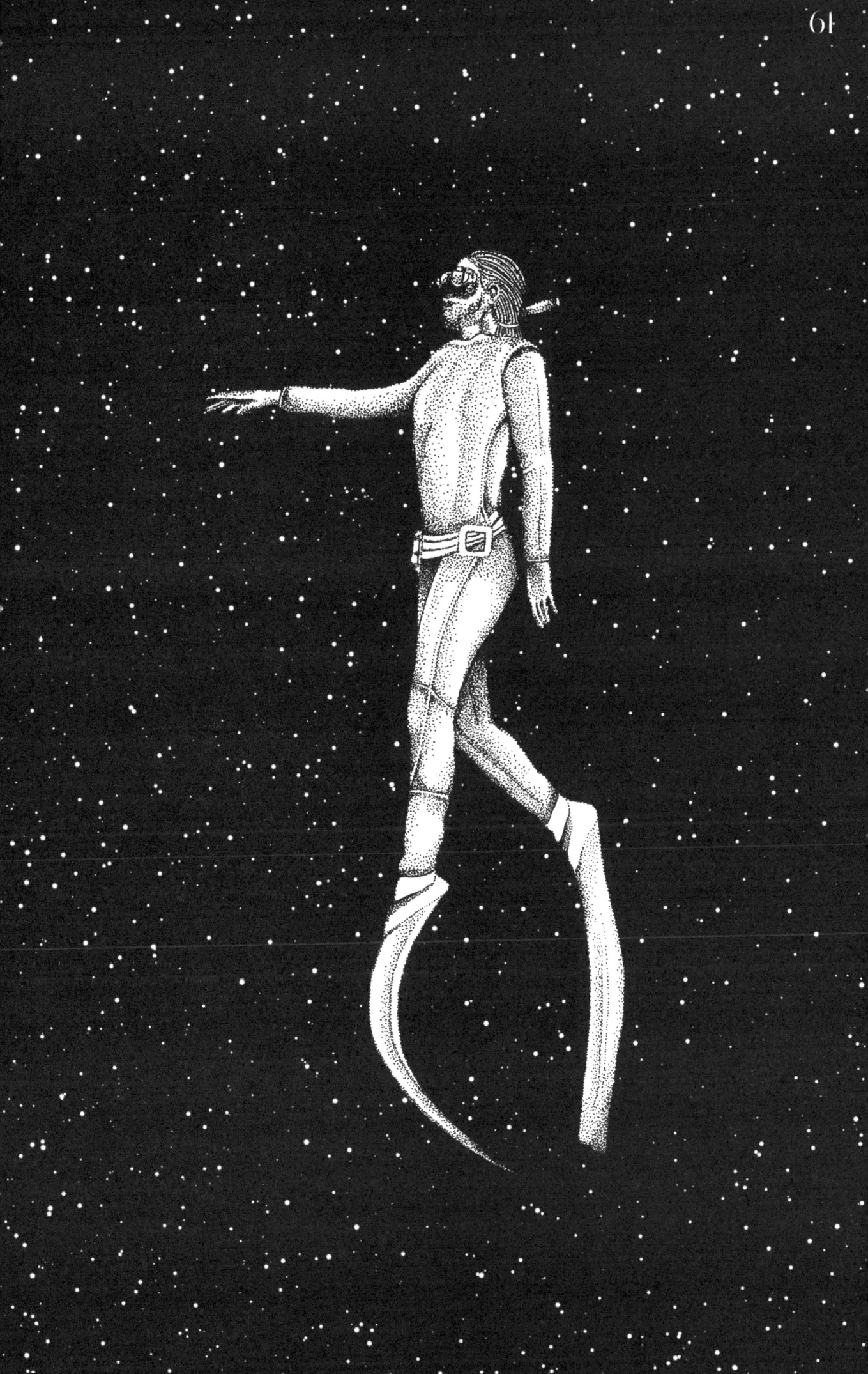

똑똑한 친구들을 위해

종이 갑옷(한자로 '지갑'이라고 부른답니다)은 19세기까지 한국과 중국에서 실제로 입었던 역사적인 갑옷이랍니다. 이 갑옷은 닥나무로 만든 한지로 만들었는데요. 한지를 여러 장 겹쳐, 꼭꼭 눌러 풀로 붙였답니다. 그렇게 제작한 넓은 띠 모양의 종이를 비늘 모양으로 만들고, 가죽끈으로 서로 엮은 뒤 겉옷에 붙여 갑옷으로 활용했어요. 어깨, 가슴, 아랫배, 생식기, 등, 허벅지 부분에 덧붙여 몸을 보호하도록 했지요.

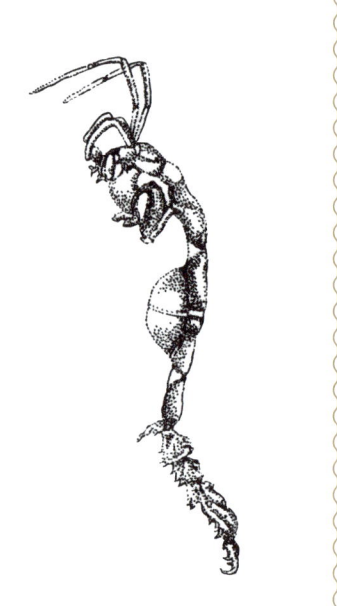

문어는 '등뼈'같이 딱딱한 것으로 무장하지 않았어요. 대신에 너무나 똑똑해서 갑옷을 필요 없게 만드는 많은 호신술을 개발했답니다.

문어의 몸

문어의 몸에 대해 이야기해 보기로 해요. 문어의 몸은 문어가 바닷속에서 아주 잘 지낼 수 있도록 해 준답니다.

우리가 그동안 알게 되었듯이 문어는 두족류예요. 머리에 다리가, 아니 정확히 말하면 팔이 달려 있지요. 그러다 보니 '주머니'처럼 보여요. 문어는 기본적으로는 커다란 머리, 2개의 큰 눈, 8개의 팔로 되어 있지요. 팔의 아래쪽에는 빨판이 달려 있고요. 그래서 진짜로 '외계에서 온 동물'이 아닐까 상상해 보게 해요. 문어는 골격이나 외피도 없고, 부드러운 외투가 내부 장기를 감싸고 있어요.

문어는 8개의 팔로 세상을 알아가요. 우리도 물론 그렇게 하지요. 우리는 모든 걸 만져 보려고 하잖아요. 처음 보는 것들인데 신기해 보이는 것들은 특히나요. 진화생물학에서는 문어의 촉수들은 원래 근육질로만 되어 있던 하나의 발에서 발달해 나온 것이라고 말해요. 물렁물렁한 근육질의 발은 다른 연체동물에서도 쉽게 볼 수 있어요. 조개들도 이런 발을 이용해 이동하지요. 최근에 나는 밤에 프라하(체코의 수도)에서 거대한 조개에 쫓기는 남자에 관한 책을 읽었어요. 물론 실화는 아니고 지어낸 이야기랍니다. 아, 이 부분을 소개하고 넘어가고 싶네요. 그 소설의 작가 미할 아이바스는 이렇게 쓰고 있어요.

"아스팔트 위에 길이가 약 2.5미터가량 되는 조개가 있었다. …이 조개는 마치 좁은 틈으로 나를 쏘아보는 것처럼 보였다. 조개는 천천히 살덩어리로 된 발을 조개껍질 아래 가장자리로 내밀고는 아스팔트를 더듬더니 내 쪽으로 쓱 다가왔다. 그러더니 다시 발을 들이밀고는 기다렸다."

우리는 기다리지 말고 다시 문어 이야기를 계속해 봅시다. 문어의 8개의 팔 각각에는 2줄로 약 250개의 빨판이 달려 있어요. 한 팔에 250개니 모두 합쳐서 음… (잠깐만요, 계산기 좀 가져올게요) 250×8이라… 여러분 가운데는 이걸 암산으로 계산할 수 있는 친구도 있겠지요? 하지만 난 계산기를 두드려 볼게요. 2,000. 와우, 문어는 총 2,000개의 빨판을 가지고 있어요. 그리고 빨판 하나하나를 따로따로 사용할 수 있답니다. 우리 인간이 한 손에 1,000개씩, 총 2,000개의 손가락을 가지고 있다고 상상해 봐요. 이런 손가락을 쓰는 건 우리 뇌에는 상당히 스트레스가 될 거예요.

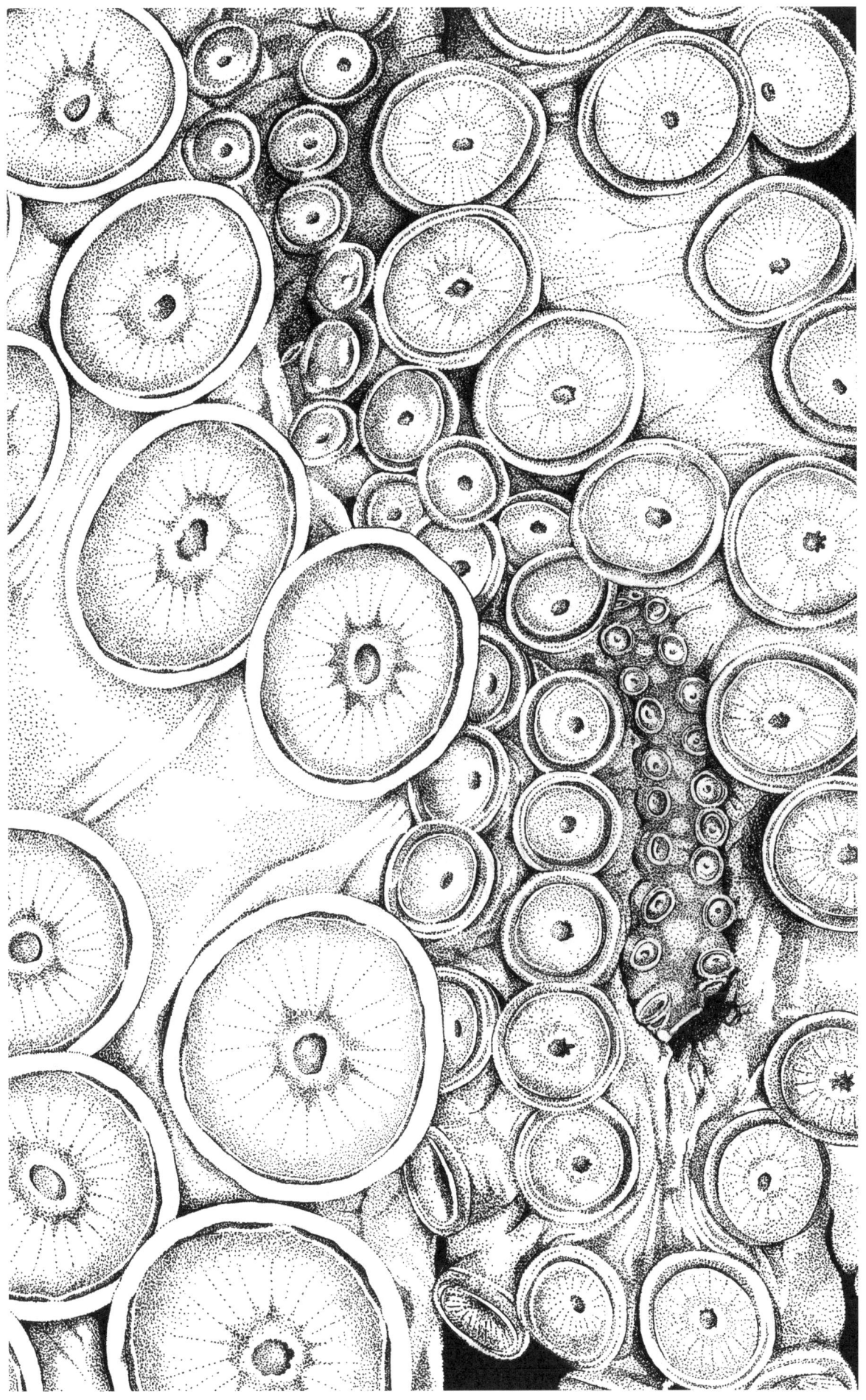

문어는 이 문제를 위해 흥미로운 해결책을 생각해 냈어요. 이 해결책을 보면 문어가 얼마나 독특한지 알 수 있답니다. 인간을 비롯한 척추동물은 모든 것을 머리에서 조절해요. 머리 속에 뇌가 있으니까요. 하지만 문어는 다른 식으로 문제를 해결해요. 문어에게는 온몸이 일종의 뇌라고 할 수 있답니다(머리만이 아니라 몸 전체가요). 뇌가 촉수까지 가지를 치고 뻗어 나가는 거예요. 그래서 뇌가 어디에서 끝나는지 알 수 없어요. 따라서 문어가 팔로 무언가를 만지면(우리가 발을 물속에 넣는다든가 해서요), 이런 '정보'가 머리로만 전달되고 머리가 어떤 반응을 보일 것인지 결정하는 것이 아니에요. 문어의 빨판 하나하나가 다 이런 정보를 처리할 수 있고, 다른 모든 빨판에도 이런 정보를 전달할 수 있어요. 약간 복잡하게 들리는데요. 말하자면 문어의 모든 팔은 늘 다른 촉수들과 빨판들이 어디에 있는지, 어떤 일을 하고 있는지 알고 있어요. '모든 것을 조절하는 뇌'가 없어도 그렇게 할 수 있답니다.

뇌가 머리에만 있다면, 그 뇌는 각각의 빨판이 전달해 주는 엄청난 정보의 물결들 때문에 버틸 수가 없을 거예요. 하지만 문어에게 그런 일은 일어나지 않는답니다. 우리에게 이런 2,000개의 손가락이 있어 각각 우리의 뇌와 소통하고 싶어 한다고 생각해 봐요. 각각 휴대폰으로 2,000통의 전화를 걸어온다고 생각하면 으… 정말 끔찍할 것 같아요!

내가 문어의 몸에서 특히나 멋지다고 생각하는 것은 문어가 이동하는 방식이에요.

척추동물은 몸을 정해진 형태로만 움직일 수 있어요. 관절 모양에 제약을 받기 때문이죠. 그래서 인간들은 팔다리를 아무 쪽으로나 원하는 방향으로 움직일 수 없답니다. 요가나 필라테스를 아무리 많이 해도 소용이 없어요.

반면 문어는 몸의 형태를 완전히 바꿀 수 있어요. 엄청나게 길게 몸을 늘릴 수도 있어요. 몸이 고무줄처럼 늘어나지요. 그뿐 아니에요. 머리와 눈 모양도 바꿀 수 있어요. 골격이 없기 때문에 가능한 일이에요(여러분은 이미 문어에게 척추가 없다는 것을 알고 있을 거예요). 게다가 유연한 근육도 한몫하지요.

그건 그렇고 근육 말인데요! 내가 여러분에게 문어가 꽤 힘이 세다고 말해도 이젠 별로 놀라지 않을 거예요. 문어는 빨판으로 뭔가를 꽉 잡을 수 있답니다. 우리 인간들이 엄지손가락과 집게손가락으로 하는 것처럼요.

특정 종류의 문어를 살펴볼까요. 음, 문어 가운데 가장 큰 대왕문어(내가 좋아하는 8종류의 문어 중 하나죠)를 예로 들어 볼게요. 이 문어의 암컷은 심지어 빨판을 2,240개나 가지고 있어요. 빨판 중 가장 큰 것은 지름이 6센티미터나 되지요. 문어는 이런 크기의 빨판 1개로 16킬로그램의 무게를 끌어당기거나 들어 올릴 수 있어요. 그렇게 해서 자기 몸무게의 20배에 달하는 무게를 지탱할 수 있어요. 문어의 체중이 50킬로그램이라면 약 1톤의 무게를 들어 올릴 수 있는 거예요.

1톤만 해도 엄청나게 무겁지요. 마치 우리가 하마를 들어 올리거나, 북극곰 2마리 또는 커다란 멧돼지 10마리를 들어 올리는 것과 같아요. 물론 한 번에 말이에요!

인간은 기껏해야 자기 몸무게의 2배 정도를 들어 올릴 수 있답니다. 그렇다고 정말 그렇게 할 수 있는지 시험 삼아 해 보지는 마세요. 몸에 무리가 될 테니까요. 인간은 건설 크레인 같은 기계를 이용해 무거운 물건을 들어 올린답니다.

하버드 대학교 존 A. 폴슨 공학 및 응용과학부(SEAS)와 중국 베이징 항공 항천 대학의 연구원들이 문어의 촉수와 생김새와 기능이 비슷한 로봇 팔을 만들었다고 해요. 이런 기계는 물체를 부드럽게 감싸서 밀착시킨 뒤, 진공 기능을 활용하는 빨판으로 물건을 꽉 잡고 들어 올릴 수 있다고 합니다. 아마 머지않아 엄청나게 무거운 물건도 들어 올릴 수 있게 될 거예요. 앞으로 그런 문어 팔이 달린 작은 로봇을 시중에서 판매하면 어떨까 하는 상상을 해 봤어요. 그러면 그 로봇을 하나 마련해서, 책장에서 동시에 8권의 책을 꺼내게 하면 좋을 것 같아요. 또는 8개의 부엌칼로 동시에 8개의 양파를 썰면 어떨까요? 아니면 마트에서 장 본 물건 8바구니를 모조리 집으로 옮기게 한다든지요. 하하, 여러분도 이런 로봇을 어떻게 활용하고 싶은지 한번 생각해 보세요. 분명히 좋은 쓰임새가 떠오를 테니까요.

똑똑한 친구들을 위해

더 놀랄 만한 일이 있는데요. 막스 플랑크 지능형 시스템 연구소와 펜실베이니아 주립대학의 과학자들은 손상되면 몇 초 안에 스스로 복구할 수 있는 재료를 개발했답니다. 이런 재료는 오징어의 고무 같은 몸에서 영감을 얻은 것이에요. 연구자들은 자연에서 아이디어를 가져와 지능적이고 스스로 치유가 가능하며 부드러운 소재를 개발하고자 했고, 마침내 오징어에서 그 가능성을 발견했답니다. 그러고는 오징어 안에 들어 있는 단백질의 분자구조를 계속 개발해서, 손상되었을 때 1분 안에 복구될 수 있게끔 만들었지요. 이런 소재는 로봇에게 활용될 거라고 해요. 인간과 상호작용을 하는 로봇은 부드러운 소재로 되어 있어야 해요. 하지만 부드러운 기계는 더 빨리 고장 나거나 손상될 수 있지요. 그래서 이들의 수명이 오래가도록 하려면 새로운 자가 치유 물질을 사용해야 한답니다. 연구원들에 따르면, 이 물질은 나중에 의류에 활용될지도 모른다고 해요. 그런 물질을 보호 장갑 같은 보호복의 재료로도 활용할 수 있기를 희망하고 있답니다.

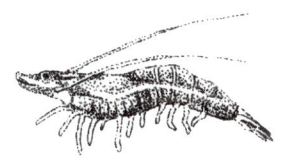

이런 과학 분야를 '바이오닉스'라고 부른답니다. 바이오닉스는 자연에서 찾을 수 있는 현상과 능력을 기술적인 도구에 응용하는 학문이에요. 우리 인간은 자연계에 예로부터 존재해 온 것을 본떠 활용하는 걸 좋아한답니다. 문어 팔을 모방한 로봇 팔은 하나의 예일 뿐이고, 그 밖에 여러분에게 친숙한 것들이 여러 가지 있어요.

1. 벨크로: 산우엉의 갈고리 모양 가시를 본뜬 것이에요.

2. 소나: 수중탐지기라고도 불리는 소나는 잠수함이 바닷속에서 방향을 잘 잡도록 해 줘요. 돌고래와 박쥐들이 의사소통하거나 물체를 탐지하기 위해 초음파를 활용하는 데서 착안했답니다.

3. 환기 시스템: 흰개미의 집을 모방한 기술이에요. 흰개미들은 정말 놀라운 건축가들이거든요.

4. 프로펠러: 비행기에 달린 프로펠러는 단풍나무 열매에 날개가 달려서 멀리 날아가는 것을 보고 착안해 만들었답니다.

5. 오리발: 수영할 때 쓰는 오리발 알죠? 개구리와 물새 발을 본떴답니다.

6. 수영 선수들이 입는 수영복: 이런 수영복의 표면은 상어 피부를 본뜬 것이랍니다. 특수한 표면이 물의 저항을 줄이고 물속에서 더 속도가 나게 만들죠. 상어는 정말 경쾌하게 물속을 누비니까요.

7. 접착테이프: 게코라고도 불리는 도마뱀붙이의 발바닥을 모방했답니다. 도마뱀붙이는 수직으로 된 매끄러운 벽도 오를 수 있어요.

8. 자동차의 차체: 연구자들은 튼튼한 딱정벌레의 등껍질을 본떠서 충격에 강한 자동차를 개발하려 하고 있습니다.

5

문어가 사는 수족관에
알록달록한 천을 걸어주면
문어가 즐거워할까?
문어는 똑똑하니 내게 윙크를 할까?

모든 것은 움직인다

아주아주 유명한 이 고대 그리스 명언을 들어 봤나요? 판타 레이! 모든 것이 흐른다! 이것은 헤라클레이토스라는 유명한 철학자가 한 말이에요. 헤라클레이토스는 이런 말로 삶의 모든 것이 움직이고 끊임없이 변화하고 바뀐다는 사실을 이야기하려 했답니다. 멈춰 있는 것은 없다. 우리는 이 생각에서 몇 가지를 배울 수 있습니다.

물론 문어도 움직여요. 문어는 모든 다른 종들처럼 수백만 년 동안 지구에 적응하며 살아가고 있어요. 적응하지 못하면 멸종 위기를 맞지요. 새로운 기후 조건에 적응하지 못했던 매머드, 털코뿔소, 검치호 같은 동물들처럼요. 모든 것은 흘러가요. 우리도 같이 흘러간답니다.

문어는 어디에 살까?

움직인다는 말로 시작했으니, 문어들이 물속에서 어떻게 움직이고 어떻게 사는지 살펴보기로 해요. 문어들은 원한다면 거의 인간처럼 이동할 수도 있어요. 두 다리, 아니 두 팔로 바닥에서 걸어 다닐 수도 있거든요. 심지어 인도네시아 해안에서는 코코넛 껍질을 모아 씻어서 그 안에 숨는 문어도 있어요. 해저 바닥에서 서둘러 이동할 때 필요하다면 코코넛 껍질을 가지고 다닐 수도 있지요(우리가 캠핑 갈 때 텐트를 가지고 가거나, 캠핑카를 몰고 가는 것처럼요).

문어는 짠물이 있는 물가라면 어디든 가리지 않고 살아요. 수온이 차갑거나 따뜻하거나, 바다가 깊어도 상관 없어요. 민물과 바닷물이 섞이는 기수 지역에도 살아요(대부분 민물에서만 사는 곤들매기 같은 물고기도 기수 지역에 서식할 수 있어요). 민물 문어가 있다는 이야기도 있지만 증명된 사실은 아니랍니다. 바다와 강, 호수를 가리지 않고 민물과 짠물 모두에서 살아가는 동물도 있어요. 그런 동물로 황소상어가 떠오르는군요. 물론 연어와 바다악어도 있지요. 그렇다면 문어 가운데에도 민물과 짠물 모두에 사는 것들이 있지 않을까요? 하지만 그런 문어는 아직 발견되지 않았답니다. 그냥 그런 문어가 있을지도 모른다고 상상만 해 보는 것이죠.

그나저나 문어는 잠자리를 세련되게 꾸미는 것을 정말 좋아하는 것 같아요. 그래서 코코넛 껍질뿐 아니라 돌, 조가비, 병, 밧줄, 낡은 샌들, 녹슨 깡통 등을 모은답니다. 그런 다음 이것들을 암초의 바위틈 같은 데로 운반해, 입구에 이 모든 잡동사니를 쌓아 놓는답니다(그렇게 해서 자신이 사는 곳을 잘 보호하려고 하는 것이에요). 문어들은 때로 좋은 집이나 어찌어찌해서 바다 밑에 가라앉은 꽃병, 옹기 같은 것을 서로 차지하려고 다툰답니다.

문어를 도와, 문어가 적들로부터 몸을 숨길 수 있는
8가지 물건을 찾아보아요. 해답은 138쪽에.

노부인에서 로켓으로

문어가 흐늘거리는 드레스를 입은 노부인처럼 천천히 흔들흔들 걸어가는 모습은 또 다른 멋진 광경이에요. 문어는 눈에 띄지 않기 위해 그런 식으로 조류에 흐느적거리는 해초의 움직임을 따라 하려고 한답니다. 최근에 다른 책을 쓰다가 조류를 바닷속에서 물이 강처럼 흐르는 현상이라고 표현할 수 있다는 걸 알았어요. 어때요, 좋은 설명 아닌가요? 어쨌든 문어들은 조용한 바다나 조류가 너무 강하지 않은 바다를 좋아해요.

조류가 약간 있는 것은 문어에게도 좋아요. 이리저리 떠밀려 다닐 수 있으니까요. 하지만 문어들은 스스로 이동할 수 있는 방법들을 개발했어요. 문어들에겐 '사이펀'이라는 신체 기관이 있어요. 사이펀은 튜브처럼 생긴 기관으로 문어는 이걸 이용해 호흡하고, 물이나 먹물을 쏘기도 하고 배설물을 내보낼 수 있답니다. 먹물에 대해서는 앞으로 좀 더 자세히 이야기하게 될 거예요. 그보다 먼저, 문어가 '물속의 로켓'처럼 이 장소에서 저 장소로 발사되듯 나아갈 수 있는 건 정말 흥미로운 일이 아닐 수 없어요.

물론 문어는 로켓처럼 빠르지는 않지만요. 하지만 로켓 공학자들은 문어를 보고 착안해 이렇게 '반동'을 통해 로켓이 추진되도록 할 수 있었습니다(여러분은 이미 바이오닉스를 살펴보았지요). 하지만 문어는 이런 반동력을 사용해 뒤쪽으로만 나아갈 수 있어요. 자신이 어디로 향하는지 잘 볼 수가 없지요. 그래서 문어는 모든 팔을 써서 유선형으로 몸을 감쌉니다. 그렇게 해서 혹시나 바닷속 바위에 부딪혔을 때 다치지 않도록 하는 것이에요.

거의 모든 바다 생물과 마찬가지로 문어의 피부에는 점액층이 있어요. 물고기를 손에 들어 본 적이 있나요? 그렇다면 아마 그 느낌을 알 거예요. 점액질이 피부 표면을 보호해 주고, 물속에서 더 잘 미끄러져 헤엄칠 수 있도록 하거나 아주 좁은 바위틈으로 몸을 밀어 넣을 수 있도록 도와준답니다. 문어가 잠시 물 밖으로 나와야 하는 경우(문어는 그렇게 할 수 있어요), 이런 점액층은 문어를 말라 버리지 않도록 보호해 준답니다. 점액층에는 또 하나 특별한 점이 있어요. 점액질 덕분에 문어는 온몸으로 맛을 볼 수 있어요. 우리가 온몸으로 초콜릿을 맛볼 수 있다고 상상해 봐요. 음…!

그나저나 연구원들은 수족관에서 문어가 사이펀으로 물줄기를 쏘아 플라스틱 통을 맞추려 하는 모습을 관찰했어요. 이 문어는 계속해서 수족관 벽을 향해 물줄기를 쏘아 대었지요. 마치 놀이 삼아, 혹은 심심해서 시간을 죽이려고 하는 것처럼요. (코부르크의 시 스타 수족관의) 또 다른 문어는 수족관 유리창에 돌을 던지고, 전등을 향해 물줄기를 쏘아 대는 바람에, 수족관에 자꾸만 합선이 생기기도 했어요. 문어가 눈부신 빛을 좋아하지 않고, 방해가 되는 모든 것에 물을 쏠 수 있다는 것을 알아 두세요.

문어의 먹물

문어, 낙지, 오징어 같은 생물이 먹물을 뿜을 수 있다는 걸 모르는 사람은 없을 거예요. 이런 일을 생각하면, 아하, 그럼 이런 먹물로 글씨도 쓸 수 있는지 궁금해지죠. 맞아요. 두족류가 뿜는 먹물로도 글씨를 쓸 수는 있어요. 하지만 만년필의 잉크 카트리지에 채우기에는 이런 먹물은 너무 걸쭉하답니다. 그래서 로마인들은(율리우스 카이사르 같은 사람을 들어 보았지요?) 두족류의 먹물주머니를 우선 건조시킨 뒤 갈아서 가루를 만들었어요. 그렇게 얻은 색소를 '세피아'라고 부른답니다. 하지만 로마인들은 글씨를 쓰는 데보다는 요리를 하는 데 세피아를 더 많이 활용했던 것 같아요. 오늘날에도 파스타를 검은색으로 물들이는 데 두족류의 먹물을 활용하지요. 여러분도 먹물 파스타를 알 거예요. 글씨를 쓰는 데 세피아를 사용한 것은 약 1780년부터라고 알려져 있답니다.

하지만 더 중요한 것은 문어의 먹물이 효과적인 호신술로 사용된다는 것이에요. 위협을 느끼면 (가령 향유고래, 곰치, 붕장어, 파자마상어, 참바리, 상어 또는 바다표범이나 돌고래가 나타났을 때) 문어는 물을 빨아들인 뒤 먹물과 섞어 다시 내뿜는답니다. 그렇게 해서 문어는 진한 검은 구름 뒤로 몸을 숨겨 포식자를 헷갈리게 만들 수 있어요. 게다가 먹물은 물속에서 눈을 따끔거리게 만들고, 심지어 육식 물고기의 아가미를 막아 버릴 수도 있답니다. 영리하게도(문어는 정말 영리하답니다) 먹물에는 '도파민'이라는 성분도 들어 있어요. 도파민은 행복 호르몬이라고도 불리는 물질이죠. 그러다 보니 먹물 구름에 둘러싸인 문어의 적들은 마치 벌써 문어를 잡아서 방금

만족스럽게 먹어 치운 그런 기분이 된답니다. 정말로 영리하지 않나요? 문어는 필요에 따라 연속으로 여섯 번까지 먹물을 뿜을 수 있어요. 늘 작은 샘에 농축된 먹물을 충분히 갖추고 있으니까요. 어쨌든 이런 '비결'로 문어는 위험한 상황을 벗어나기에 충분한 시간을 벌 수 있답니다.

속이기 선수

물론 문어는 이것까지 하고 싶지는 않을 거예요. 하지만 이것을 위해 최상으로 대비하고 있답니다. 이것이 뭐냐고요? 바로 속이는 것이에요. 문어가 피부로 어떤 일을 할 수 있는지를 알면 정말 놀랄 거예요.

문어는 주변의 모든 모양, 색깔, 표면 상태를 본뜰 수 있어요. 그것도 눈 깜짝할 새에 말이죠. 문어는 피부의 질감을 자유자재로 변화시킬 수도 있어요. 그러면 피부 표면이 더 이상 매끈하지 않고 자갈처럼 거칠거나, 해초처럼 부들부들하거나, 산호처럼 뻐죽뻐죽한 질감을 가지게 돼요. 문어에 비하면 카멜레온은 초보자라고 할 수 있죠. 문어는 정말로 아무도 따라잡을 수 없는 변신의 대가예요. 게다가 문어는 몸의 거의 모든 곳에 줄무늬, 얼룩, 점 등 다양한 패턴을 만들어 낼 수 있어요. 색깔도 자유자재로 바꿀 수 있답니다. 문어는 색맹인데도 이 모든 일을 할 수 있지요. 색깔의 변화를 어떻게 하면 더 생생하게 상상할 수 있을까요. 문어의 피부가 모니터라고 한번 상상해 보면 좋을 것 같아요.

또 문어는 이런 색깔 변화를 통해 자신들의 감정을 표현한답니다. 문어가 지금 무슨 생각을 하는지 색깔로 표시가 나요. 화가 난 문어는 적갈색으로 변한답니다. 무서우면 눈 주위에 검은 원이 나타나지요. (주변에 적들이 없는데) 연달아 빠르게 색을 변화시킨다면, 문어는 단지 뭔가에 대해 생각을 하고 있는 것이에요. (위장을 하는 목적 외에도) 문어는 몸 색깔을 종종 변화시켜요. 사냥에 나설 때는 검은 구름처럼 보이는 패턴을 피부에 막 흐르게 해요. 그러면 먹잇감에게는 마치 문어가 움직이는 것처럼 보인답니다. 사실은 그 자리에 움직이지 않고 먹잇감을 노리고 있는데 말이에요. 그러니 가재를 잡는 일은 아주 식은 죽 먹기겠지요.

문어가 굶주린 육식 물고기에게 먹힐 위험에서 빠져나오려고 할 때 문어는 아주 빠른 속도로 색깔과 무늬, 형태를 변화시켜요. 그러면 육식 물고기는 갑자기 눈이 어지러워져 문어를 놓아주지요. 때로는 문어가 검붉은 색을 띠고(우리는 이미 그게 문어가 화가 났다는 표시라는 걸 알지요) 몸을 부풀려 실제보다 갑자기 훨씬 더 커 보이게 하는 것으로 충분해요.

여기에 문어가 8마리 숨어 있어요.
숨어 있는 문어들을 찾아보아요. 해답은 140쪽에.

초능력

문어는 바다에서 살아남기 위해 애써야 해요. 곧잘 몸에 상처를 입게 되거든요. 어떤 때는 아주 심한 부상을 입게 되지요. 촉수 하나를 잃어버리는 일도 일어나요. 하지만 그럴 때면 문어가 지닌 또 하나의 초능력이 등장해요. 잘린 팔이 금세 다시 자라게 되는 것이에요! 일주일 만에 팔이 자라기 시작하고, 늦어도 100일이 지나면 온전한 팔을 갖게 된답니다. 때로는 팔이 심하게 다치면, 스스로 팔을 잘라 내기도 해요. 우리가 언제든지 원할 때마다 새로운 발이나 새로운 손을 자라나게 할 수 있다고 상상해 볼까요? 영화에 나오는 슈퍼 히어로를 빼면, 우리 중에 그럴 수 있는 사람은 아무도 없어요. 영화를 만드는 사람들은 문어를 본떠서 그런 슈퍼 히어로를 구상했을지도 몰라요(흠, 다시 그 '바이오닉스'라는 말이 떠오르네요).

지구에는 문어 말고도 이런 일을 할 수 있는 동물들이 또 있어요. 각자 자기 나름으로 그렇게 하지요. 나는 옛날에 도마뱀을 잡곤 했고, 잡은 도마뱀을 학교에도 데려갔어요. 한 번은 잘못해서 도마뱀을 학교 사물함 근처에서 놓쳐 버렸어요. 도마뱀은 온갖 신발과 재킷 위를 기어다녔지요. 학교에서 얼마나 난리가 났었는지 몰라요. 도마뱀은 자신의 꼬리를 잘라 버리기도 해요. 잡힐 위험에 처하면 사냥꾼을 헷갈리게 하기 위해 자신의 꼬리를 끊고 도망가 버리곤 하죠(이를 학문 용어로 '자기절단'이라 부릅니다). 나도 그런 일을 보곤 했는데, 물론 꼬리는 온전하게 다시 자라났어요. 내 눈으로 똑똑히 확인했다니까요!

이 책을 쓰는 도중에 신문에서 이런 이야기를 읽었어요. 낭설류에 속하는 바다민달팽이는 머리 아래로 (모든 장기를 포함해) 온몸을 재생할 수 있다고 합니다. 그러니까 이 달팽이(이런 달팽이에 대해서는 이번에 처음 알았어요)는 머리 아래로 전신을 끊어 버리고 나서, 심장을 포함한 온몸을 다시 만들어 내는 것이에요. 연구자들은 이 달팽이들이 기생충을 제거하거나 질병을 없애기 위해 그렇게 하는 것 같다고 추측하고 있습니다. 동물들이 이런 일을 할 수 있다니 정말 놀랍지 않나요?

이제 다시 문어에게로 돌아가 봐요. 문어에겐 몇 가지 비결이 더 있거든요. 문어는 좁은 구멍으로 몸을 밀어 넣거나, 구멍을 통과해 빠져나올 수 있어요. 정말 실용적인 능력이죠. 문어의 몸 중에서 유일하게 딱딱한 부분은 눈 사이에 있는 고정된 연골 부분이랍니다. 아, 물론 부리도요. 엥? 부리라고요? 네, 맞아요. 문어에게도 앵무새처럼 부리가 있답니다. 부리 속에 있는 이빨을 '치설'이라고 불러요. 부리는 몸 아래쪽 8개의 팔이 만나는 부분에 있어요. 앵무새에게 손가락을 쪼여 본 적이 있나요? 상당히 세게 물릴 수도 있기 때문에 조심해야 한답니다. 커다란 문어의 입에 손가락을 집어넣어서는 절대로 안 되고요.

연구자들은 언젠가 대왕문어 한 마리를 투명한 용기에 가두었어요. 그 용기는 사방이 막혀 있었고, 6센티미터 너비의 구멍만 하나 뚫려 있었죠. 이 6센티미터는 문어의 안구 사이 단단한 연골 크기와 같았어요. 문어는 이 구멍을 촉수로 만져 보더니 망설이지 않고 구멍 속으로 몸을 집어넣고 빠져나갔답니다. 또 다른 실험에서 문어가 빠져나갈 수 있는 구멍을 4센티미터로 줄이자, 문어는 촉수로 구멍을 만져 보았지만 이번에는 빠져나갈 시도조차 하지 않고 가만히 있었어요. 이 실험은 문어가 자신의 신체 크기를 확실히 알고, 구멍이나 틈이 어느 정도 커야지만 자신이 빠져나갈 수 있는지를 정확히 가늠한다는 것을 보여 줍니다. 이 얼마나 뛰어난 능력인가요!

똑똑한 친구들을 위해

여러분 가운데 두족류에 특히나 관심 있는 친구들을 위해
여기 오징어에 대한 3가지 흥미로운 이야기를 소개합니다.

1.

'유리오징어'라는 오징어가 있어요. 이 오징어는 빛이 넘실대는 수면에서는 거의 눈에 띄지 않아요. 거의 투명해 보이며 암모니아로 채워진 부레로 균형을 잡지요. 기껏해야 소화관과 눈 같은 아주 적은 부분만 보인답니다. 이 오징어의 영어 이름은 '코카투 스퀴드', 앵무새 오징어라고 해요. 촉수를 머리 위에 포개고 있는 모습이 앵무새 같아서 붙은 이름이랍니다. 정말 앵무새처럼 보인다니까요!

2.

'딸기오징어'라는 오징어는 양쪽 눈의 크기와 색깔이 달라요. 한쪽 눈은 작고 파르스름한데, 한쪽 눈은 노란색에 비정상적으로 크답니다. 이런 비대칭적인 눈 때문에 딸기오징어는 상당히 독특한 외모를 갖게 되었지요. 전문가들은 이 오징어를 발견한 이래 100년 넘게, 왜 두 눈이 이렇게 서로 다를까 의아하게 여겨왔답니다. 그러다가 2017년에 마침내 수수께끼가 풀렸어요. 이 오징어는 머리를 거꾸로 한 채 거의 수직에 가까운 자세로 바닷속을 헤엄치지요. 이때 커다란 눈은 위쪽으로 향하고, 작은 눈은 계속해서 아래를 향한답니다. 그렇다면 각각의 눈이 서로 다른 역할을 수행하고, 서로 다른 빛을 감지하는 데 특화되어 있는 것일까요? 그렇습니다. 이런 추측은 사실로 드러났습니다. 커다란 눈은 위를 올려다보며, 황혼 속에서도 혹시나 모를 적을 더 잘 분간하고자 합니다. 작은 눈은 아래를 엿봅니다. 깊은 바닷속에서는 많은 것들이 빛이 나서 작은 눈으로도 잘 알아볼 수 있기에 눈이 작아도 된답니다.

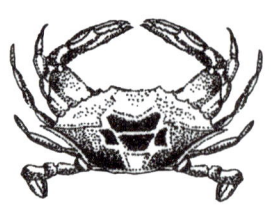

3.

살인 오징어! 붉은 악마! 치명적인 촉수! 텔레비전 다큐멘터리는 '훔볼트오징어'에 대해 이런 자극적인 말들을 아끼지 않습니다. 이 오징어는 텔레비전에서 같은 오징어나 사람을 잡아먹는 야수로 묘사되지요. 다이버를 공격할 뿐 아니라 같은 종류의 작은 오징어들을 잡아먹곤 하기 때문이에요. 훔볼트오징어는 오징어 중에서 가장 유명한 식인 오징어랍니다.

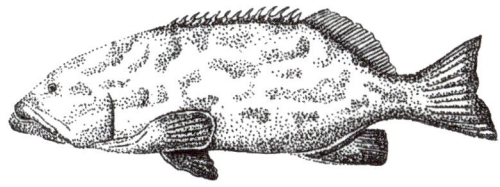

문어의 이빨 이야기가 나왔으니 말인데 문어는 과연 어떤 먹이를 가장 좋아할까요? 음, 나 같으면 피자, 라자냐 또는 감자튀김을 먹고 싶어 할 텐데요. 하지만 문어는 주로 게나 새우 같은 갑각류를 먹고 산답니다. 먹이를 잡을 때 문어는 팔 하나를 낚싯대로 써요. 팔 하나를 게의 집 앞에서 이리저리 흔들며 게가 그것을 물 때까지 기다리지요. 게가 물면 게는 이제 볼 장 다 본 것이지요. 문어가 중간 크기의 게를 먹는 데 약 30분이 걸린답니다. 내가 피자를 먹는 데 걸리는 시간과 비슷하네요. 물론 아무도 궁금하지 않겠지만요.

문어를 잡아먹을 수도 있는 8가지 동물들을 찾을 수 있나요? 해답은 142쪽에.

6

문어가 자전거를 타면 어떻게 될까?
두 팔로 핸들을 잡고
두 팔로 페달을 밟고
그래도 아직 팔 네 개가 남으니
문어는 무척 자랑스러워하지 않을까?

문어의 눈으로

"마음으로 보아야만 잘 볼 수 있어. 중요한 것은 눈에는 보이지 않거든." 세계적으로 유명한 책인 앙투안 드 생텍쥐페리의 『어린 왕자』에 나오는 말이에요. "눈은 마음의 거울이다"라는 속담도 잘 알려져 있지요. 그렇다면 문어의 눈에는 무엇이 보일까요?

사방이 다 보여요

문어의 눈은 우리의 눈과 상당히 비슷해요. 우리도 수정체를 통해 세상을 감지하지요. 문어도 우리도 투명한 각막과 눈꺼풀, 밝기를 조절하는 홍채, 눈의 배경을 이루는 망막을 가지고 있어요. 그런데 우리와는 달리 문어는 '광각 형식'으로 볼 수 있어요. 즉 거의 '360도로 본다'고 할 수 있지요. 이를 더 실감나게 이해하려면 부모님의 휴대폰을 빌려서 카메라를 '광각'으로 설정해 보아요(대부분의 휴대폰에 그런 기능이 있으니까요). 그런 다음 집에서 몇 장의 사진을 찍고 사진을 한번 봐요. 광각 사진에는 여러분의 눈에 보이는 모습보다 방의 모습이 훨씬 더 많이 담겨 있을 거예요. 시선을 좌우로 돌리지 않아도 한꺼번에 넓은 각도를 포착하는 것이죠. 우리 시야는 그보다 훨씬 좁아요. 뒤에서 일어나는 일을 보려면 뒤를 돌아보아야만 하잖아요. 두족류는 그럴 필요가 없답니다. 그 밖에도 문어는 두 눈을 각각 자유자재로 움직여 서로 다른 방향을 볼 수 있어요. 카멜레온처럼 두 눈으로 서로 다른 쪽을 훔쳐볼 수 있답니다. 다만 문어는 멀리 보지는 못해요. 약 2.5미터 전방을 볼 수 있지요. 하지만 바닷속에서는 어차피 시야

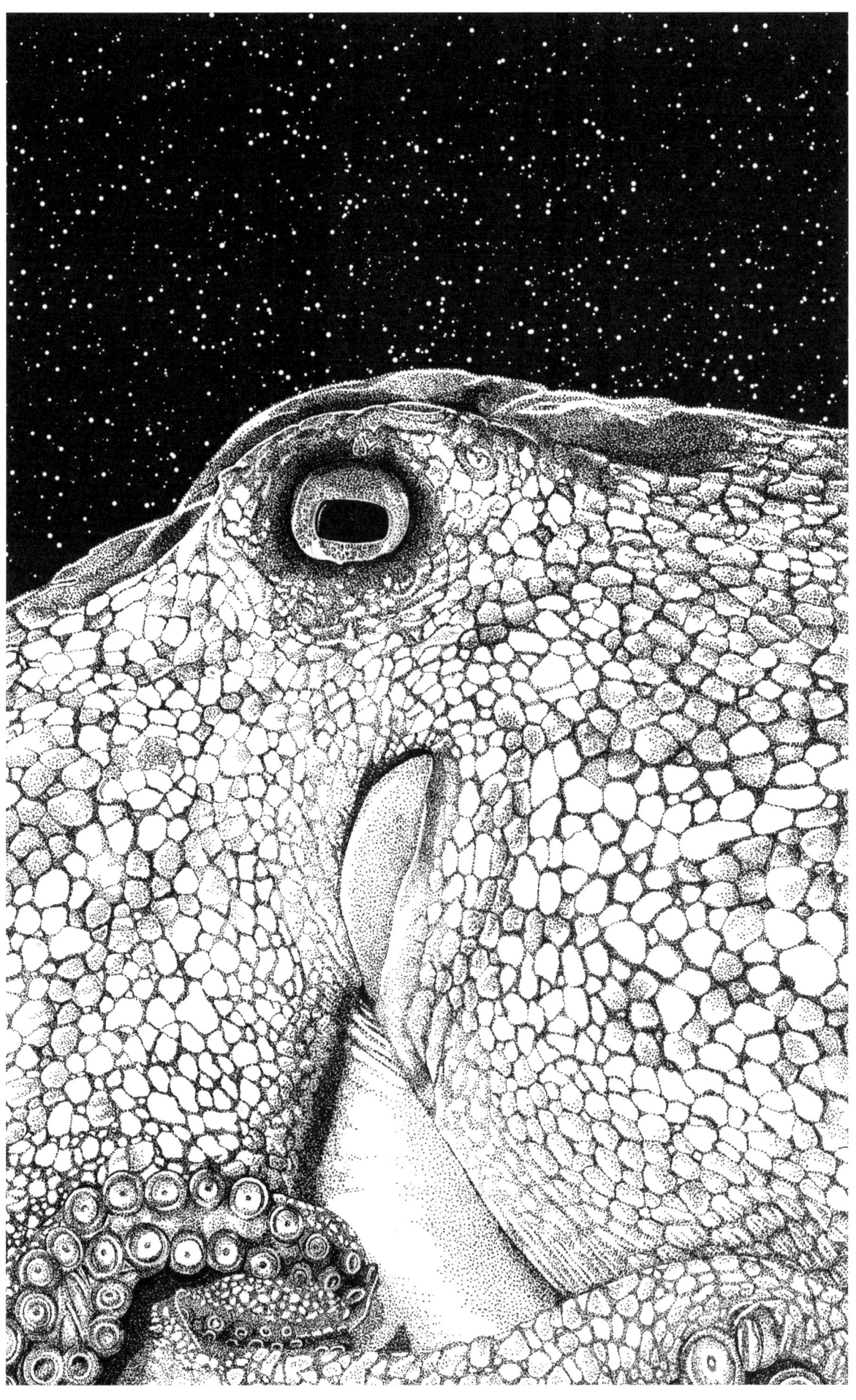

가 제한되어 있어서, 일반적으로 땅에서처럼 그렇게 멀리까지 보지는 못한답니다. 따라서 바닷속 동물들은 다른 감각에 더 의존하고 있지요.

어떤 동물이 시력이 가장 뛰어난지 궁금한가요? 이미 말했듯이 땅 위에 사는 동물들의 시력이 좋아요. 무엇보다 새들, 매나 독수리는 눈에 망원경이 달려 있다시피 하답니다. 아주 멀리까지도 아주 선명하게 볼 수 있지요(500미터 거리에 있는 작은 쥐도 선명하게 볼 수 있어요). 그리고 모든 고양이는 밤눈이 아주 좋답니다. 고양이의 눈에 '타페툼 루시둠'(라틴어로 '빛나는 양탄자'라는 뜻이에요)이라는 빛을 반사하는 반사층이 있기 때문이에요. 이런 반사층은 주변이 어두워도 빛을 증폭시켜 줄 수 있답니다. 깜깜할 때 고양이에게 손전등을 비추거나 하면 고양이의 눈이 빛나는 것도 그 때문이에요. 자전거에도 아마 그런 것이 달려 있을 거예요. 그것을 플라스틱 반사경이라고 하는데, 어둠 속에서도 훌륭하게 빛난답니다('바이오닉스'를 들어 봤죠!). 그리고 잠자리를 꼭 짚고 넘어가고 싶은데요. 잠자리의 겹눈은 약 3만 개 이상의 낱눈으로 구성되어 있어, 움직임을 아주 잘 본답니다(빠르게 움직이는 것도 잘 볼 수 있어요). 잠자리는 이런 눈으로 한꺼번에 360도를 두루 볼 수 있고, 그 밖에 '자외선'도 볼 수 있답니다. 즉, 잠자리에겐 주변의 몇몇 사물이 밝게 빛나서 쉽게 분간이 가는 것이죠. 이제 다시 문어에게로 돌아가기로 해요!

문어의 동공은 우리가 보기에는 상당히 낯설어요. 검은색 직사각형 모양이거든요. 옛날 우리 수학 선생님이 마음에 들어 하셨을 것 같아요. 그 선생님이 사각형을 좋아하셨거든요. 문어와 인간의 눈은 한 가지 공통점이 있어요. 그건 문어와 인간 모두 '우세한 눈'을 가지고 있다는 점이에요. 사람들은 모두 자신이 오른손잡이인지 왼손잡이인지 알아요. 하지만 자신의 두 눈 중 어느 쪽이 우세한지 생각해 본 사람은 거의 없을 거예요.

카메라로 사진을 찍을 때 카메라 렌즈를 쳐다보는 눈이 꼭 우세한 눈은 아니에요. 여러분의 두 눈 중 어느 쪽이 우세한지 빠르게 시험해 볼까요? 간단한 테스트로 알 수 있어요. 엄지과 검지 손가락을 붙여 작은 원을 만들어 보아요. 그런 다음 팔을 뻗어 원을 주변의 어떤 물체에 맞추어 보아요. 이때 중요한 것은 두 눈을 뜬 상태에서 초점을 맞추어야 한다는 것이에요. 그런 다음 이쪽 눈, 저쪽 눈 번갈아 감아가며 물체가 손가락으로 만든 원 안에 들어오는지, 원 밖으로 나가는지 확인해 보세요. 피사체가 원 안에 보이는 눈이 바로 우세한 눈이에요. 이 실험을 해 본 결과 나는 오른쪽 눈이 우세하다는 걸 알았어요. 문어도 이론적으로는 이런 테스트를 할 수 있을 거예요. 하지만 문어는 이미 그 결과를 알고 있을 것 같네요.

똑똑한 친구들을 위해

이런 이야기를 듣고 보니 그 유명한 '거울 테스트'에서 문어가 과연 어떤 성과를 내었는지 자연스럽게 궁금해지는군요. 거울 테스트는 동물들이 거울 속의 자기 모습을 자기 자신으로 알아보는지를 시험해요. 유인원들은 모두 거울 테스트를 통과했어요. 돌고래, 까치, 까마귀도 통과했지요. 문어는 이런 출중한 그룹에 속하지 않아요. 하지만 어떤 문어들은 이런 '지능 테스트' 없이도 유명해졌죠. 문어 파울이 바로 떠오르네요.

독일 오버하우젠의 유명 수족관 '시 라이프 오버하우젠'에 사는 문어가 2010년 월드컵이 열렸을 때 독일이 참가한 모든 경기의 결과를 거의 신탁처럼 맞게 예측해 사람들을 놀라게 한 적이 있어요. 그 뒤 축구 클럽들이 형편이 되는 한, 앞다투어 수족관에 대서양 문어를 키우면서, 이 문어는 값이 10배 이상 뛰었죠. 이를 어떻게 생각하든, 연체동물의 이미지는 확 달라졌답니다. 이런 현상이 인간에 대해 말해 주는 것은 무엇일까요?

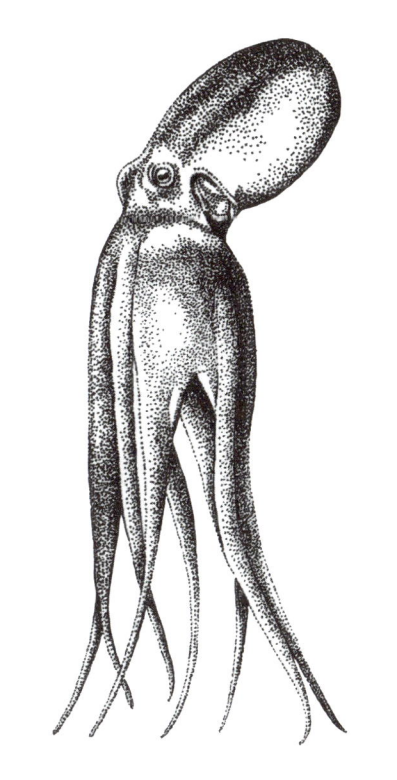

문어는 우리와는 다르게 생각한다

문어가 우리와는 완전히 다르게 생각한다는 것은 이미 이야기했어요. 문어는 '중앙의 뇌' 하나와 촉수에 있는 8개의 추가적인 뇌를 가져서, 총 9개의 뇌로 생각을 하니까요. 중앙의 뇌는 문어의 입 바로 뒤에 있어서 식도 주변으로 배치되어 있답니다. 그래서 문어가 먹은 먹이는 곧장 뇌 속으로 직행할 수 있어요. 그러므로 한입에 너무 커다란 먹이를 집어넣지 않도록 조심해야 합니다. 잘못해서 뇌가 손상될 수 있기 때문이지요.

문어는 인간들처럼 집단을 이루어 살지 않기에, 모든 것을 스스로 알아서 해야 한답니다. 그러므로 혼자 알아서 많은 복잡한 문제를 해결해 낼 줄 알지요. 문어가 가족을 이루어 함께 지내고 더 오래 산다면 그들은 아마 우리와 닮은 점이 더 많을 거예요. 아, 여러분이 묻기 전에 이야기해 두자면, 문어는 야생에서 수명이 약 2–3년이랍니다. 그런 다음에는 죽고, 문어가 알았던 모든 것이 다시 사라집니다. 죽을 때면 피부가 창백해지고 하얘집니다. 몰래 조용히 세상에서 사라지려고 하는 것처럼 말이에요.

이제 덜 슬픈 이야기를 하기로 해요. 가령 문어의 잠 이야기를 해 볼까요? 문어는 우리처럼 매일매일 잠을 자요. 심지어 문어 중에도 잠꾸러기가 있어요. 과학자들은 어떤 동물들이 우리처럼 꿈을 꾼다고 생각한답니다. 개와 고양이의 경우는 확실히 꿈을 꾸는 것으로 증명되었어요. 연구자들은 문어도 꿈을 꿀 거라고 본답니다. 왜 꿈을 꾸는지는 완전히 밝혀지지 않았어요. 인간의 꿈에 대한 의문도 아직 풀리지 않았지요. 기억을 처리하고 저장하는 방식과 관계가 있을 거라고들 해요. 어떤 동물이 가장 잠을 오래 자는지 살펴볼까요?

1. 박쥐: 최대 20시간
2. 나무늘보: 15-20시간
3. 고슴도치: 18-20시간
4. 사자: 18-20시간
5. 코알라: 14시간
6. 치타: 12시간
7. 침팬지: 10시간
8. 고릴라: 10시간

모든 동물 중에서 어떤 동물이 잠을 가장 조금 잘까요? 여러분 스스로 답을 찾아볼 수 있으리라고 생각해요. 힌트를 주자면, 기린, 말, 말벌을 살펴보세요. 아, 먼저 오카피를요. 휘휘!

그리고 문어는 인간들처럼 단기 기억 능력과 장기 기억 능력이 잘 작동한답니다. 사고 능력이 좋다는 뜻이지요. 문어가 다리로 병뚜껑을 열었다는 소리는 이미 들어 보았을 거예요. 문어는 기본적으로 다른 문어를 관찰함으로써 배우는데, 이것은 문어의 지능이 상당히 높다는 반박할 수 없는 증거랍니다.

문어의 성격

얼마 전(2021년) 텔레비전에서 두족류가 마시멜로 테스트를 통과한 걸 보았어요. 인간 아이들은 만 4세부터 그런 테스트를 통과할 수 있답니다. 마시멜로 테스트가 뭐냐고요? 심리학자들이 지능을 테스트하기 위해 고안한 테스트인데요. 바로 '자제력'을 테스트하는 것이에요. 복잡한 테스트 같지만, 그렇지 않아요. 여러분이 엄청나게 배가 고픈 동시에 초콜릿을 아주 좋아한다고 해 봐요. 그런 다음 내가 여러분에게(그러니까 내가 심리학자 역할을 하는 거예요) 초콜릿 한 조각을 줘요. 그러면서 이 초콜릿을 먹지 않고 기다리면 조금 이따 다시 와서 초콜릿 한 조각을 더 주겠다고 말하고는 방을 나가 버려요. 자, 여러분은 내가 다시 와서 초콜릿 한 조각을 더 줄 때까지 기다리겠어요? 아니면 받은 초콜릿을 그냥 먹어 버리겠어요? 두족류는 기다렸답니다(유인원, 개, 까마귀도 이 시험을 통과했어요).

물론 인간과 마찬가지로 문어도 성격이 있어요. 어떤 문어는 호기심이 많고 용감하고 두려움이 없어요. 어떤 문어는 소심하거나 소극적이죠. 물론 성격에는 그때까지의 경험이나 생활 환경이 많이 작용해요. 해양생물학자 조슈아 로젠탈은 실험에서 서로 남매지간인 두 문어가 환경이 달라지자 굉장히 빠르게 성격이 변한 것을 확인했어요. 한 문어는 대부분의 시간을 수족관에 있는 화분에 숨어 지냈는데, 얼마 뒤 굉장히 수줍고 의심 많은 성격을 보여 주었죠. 반면 수족관에 숨어 있을 데가 없었던 다른 문어는 외향적이고 개방적이며 호기심이 많은 모습을 보여 주었어요. 우리도 그렇지 않나요? 우리도 대부분의 시간을 실내에, 그것도 심지어 아주 좁은 방에 갇혀서 지낸다고 생각해 봐요. 그렇게 살다가 갑자기 공원이나 마트에 가야 한다면 덜컥 두려움이 앞서서 나가기가 쉽지 않을 거예요.

지금까지 내가 말하지 않은 문어의 특별한 점이 또 하나 있어요. 그건 바로 문어에겐 심장이 3개라는 것이에요! '체 심장'이라 불리는 주된 심장이 1개 있고요, 보조 펌프 역할을 하는 '아가미 심장'이 2개 있어요. 심장이 왜 3개나 될까요? 연구자들은 문어의 신체적 약점을 보완하기 위해서라고 생각한답니다. 문어의 피는 우리의 피와는 다르기 때문이에요. 문어의 피는 겉보기부터 우리와는 다른데요, 투명하거나 파란색을 띤답니다. 우리의 피는 철을 함유하고 있어서 산소를 상당히 잘 운반할 수 있어요. 문어도 산소가 많이 필요하지만 문어의 피는 우리 피만큼 산소를 잘 운반하지 못해요(철이 없거든요). 그래서 문어가 심장을 3개 가지게 되었다는 것이지요. 아가미에 있는 2개의 보조 심장이 몸에 산소를 더 잘 공급할 수 있도록 돕는 것이랍니다.

똑똑한 친구들을 위해

나는 문어도 인간처럼 심근경색을 겪을 수 있는지 궁금해졌어요. 그래서 알아보다가 우리 인간들이 '상심 증후군'으로 죽을 수도 있다는 사실을 알게 되었어요. 이것은 슬픔이나 분노 같은 심한 스트레스 때문에 좌심실이 일시적으로 이상한 모양으로 변형되는 질병이에요. 일본의 의사들은 이때 변형된 좌심실 모양이 꼭 일본에서 문어를 잡을 때 사용하는 항아리와 비슷하게 보인다고 생각했어요. 일본의 어부들은 전통적으로 두족류를 잡기 위해 바다 밑바닥에 목이 좁고 바닥이 둥근 옹기를 가져다 놓곤 했거든요. 이런 옹기를 일본어로 '타코츠보'라고 해요. 그래서 전 세계의 심장 전문의들은 이런 질병을 '타코츠보 증후군'이라고도 부른답니다. 두족류는 전 세계에 두루 있으니까요.

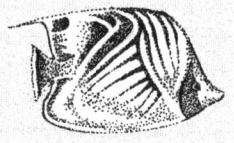

문어는 두 눈을 각각 자유자재로 움직여
서로 다른 방향을 볼 수 있어요.
카멜레온처럼 두 눈으로 서로
다른 쪽을 훔쳐볼 수 있답니다.
다만 문어는 멀리 보지는 못해요.
약 2.5미터 전방을 볼 수 있지요.

문어는 우리와는 완전히
다르게 생각한답니다.
그들은 '중앙의 뇌' 하나와 촉수에 있는
8개의 추가적인 뇌를 가져서,
총 9개의 뇌로 생각을 하니까요.
중앙의 뇌는 문어의 입 바로 뒤에 있어서
식도 주변으로 배치되어 있어요.
그래서 문어가 먹은 먹이는 곧장
뇌 속으로 직행할 수 있어요.
그러므로 한입에 너무 커다란 먹이를
집어넣지 않도록 조심해야 합니다.

7

문어가 나타났는데
삽을 들고 정원으로 가지 뭐야.
나도 얼른 정원으로 나가 보았더니
문어가 윙크를 하더니 사라져 버렸어.
문어는 나무로 변장한 걸까?
내가 지금 꿈을 꾼 걸까?

아주 오래전부터 살아온 똑똑한 동물

문어는 아주 오래전부터 지구에서 살아왔어요. 무려 4억 년 전부터 지구의 대양을 누비고 있지요. 그래서 지구에 살아 있는 가장 오래된 지적인 동물로 여겨지고 있답니다. 2015년 국제 연구팀이 '캘리포니아두점박이문어'(옥토푸스 비마쿨로이데스)의 '게놈'을 해독했어요. 게놈은 '유전체'라고도 하는데, 한 생물이 가지는 모든 유전정보를 말한답니다. 여러분은 이미 유전자에 대해 들어본 적이 있을 거예요. 한 생물이 지금의 모습을 가지도록 한 것이 바로 유전자인 것이지요. 특정 유전자(내지 유전자 서열)는 우리의 눈이 어떤 색깔일지를 결정해요. 우리의 전체 게놈(유전체)은 아빠와 엄마의 유전체가 섞인 것이에요. 상당히 어렵게 들리지요? 유전 연구는 그 자체로 독립된 하나의 학문이니까요. 여기서는 그냥 유전자는 생물의 설계도와 같다고만 알아 두면 될 것 같아요. 아마 모두 영화 「쥬라기 공원」을 알고 있을 거예요. 아주아주 오래된 유전물질로 공룡을 다시 살려 내는 내용이잖아요. 어느 날 정말로 이런 일이 가능하게 될지 누가 알겠어요. 얼마 전 기사를 보니 이미 유전공학을 활용해 멸종된 털북숭이매머드를 되살리려는 노력이 이루어지고 있다는군요.

잠깐만 살펴보자면 인간의 게놈과 문어의 게놈은 거의 같은 크기예요. 유전자 개수는 인간은 약 2만 5,000개고, 문어의 유전자는 약 3만 3,000개죠. 심지어 문어의 유전자가 약간 더 많네요. 갑자기 문어의 콧대가 좀 높아진 것 같지 않나요?

번식

문어의 번식에 그리 큰 비밀은 없어요. 인간과 비슷하게 이루어지거든요. 물론 문어 종류에 따라 어떤 암컷은 짝짓기가 끝난 뒤에 수컷을 먹어 버리기도 하지만요. 따라서 수컷들은 매우 조심해야 해요. 짝짓기를 하고 나서 얼마 뒤(그 시간은 수온과 계절에 따라 달라져요), 암컷 문어는 알을 낳는답니다. 닭처럼 몇 개 정도만 낳는 것이 아니에요. 대왕문어는 3주 사이에 무려 6만 7,000개에서 10만 개 정도의 알을 낳는답니다! 엄청 많은 것처럼 들리지요. 하지만 이렇게 많은 알 가운데 실제로 자라나는 것은 두 마리밖에 안 됩니다! 알을 낳은 어미는 이제 자신을 돌보지 않고 알을 지키는 데 전념한답니다. 먹을 것도 먹지 않고 알을 보살피는 거예요. 마침내 알에서 새끼 문어가 깨어나면, 어미는 굶주리고 지쳐서 그만 죽고 맙니다. 그러고 나면 새끼들은 혼자 힘으로 살아 나가야 하지요.

알에서 깨어난 작은 문어의 앞길에 도사리는 대양 깊은 곳의 위험들을 상상하고 싶지 않네요. 문어들의 운명은 대자연에 맡겨 놓기로 해요. 항상 종을 유지하기에 충분한 수의 문어들이 있을 테니까요. 다시 한번 말하자면, 문어는 약 4억 년 전부터 지구에서 살아왔고, 지금도 여전히 명맥을 유지하고 있어요. 반면 우리 인간이 지구에 거주한 것은 불과 4만 년 전부터랍니다.

두 발로 걷는 인간의 운명이 어떻게 될지는 앞으로 더 지켜봐야 하고요. 과학자들(그리고 미래학자들)은 지구상에서 어떤 생명체가 계속 진화해 나갈 것인지 오래전부터 생각해 왔어요. 이에 대해 꽤 오래되었지만 여전히 멋진 다큐멘터리가 하나 있어요. 바로 「미래 동물 대탐험」이라는 다큐멘터리랍니다. 이 다큐멘터리에서는 문어가 어느 날 물을 떠나 육지에서 계속 삶을 이어 갈지도 모른다는 이야기가 나와요! 그런 일이 정말로 생긴다면, 코끼리만 한 육지 두족류(다큐멘터리에서는 '거대 오징어'라고 칭해요)가 미래의 숲을 누비게 될지도 몰라요. 물론 더 작은 두족류들이 나무에서 나무로 옮겨 다니다가, 어느 순간에 땅에 거주하는 차세대 지적 생명체가 될지도 모르지요.

어쨌든 굉장히 많은 상상을 해볼 수 있어요.

자, 책을 마치며 동화 하나를 들려줄까요? 이야기를 들려주지 말아야 할 이유가 뭐가 있겠어요? 여러분이 이 책을 끝까지 읽어 냈으니까 작은 선물을 주는 것도 나쁘지 않잖아요. 그리고 문어에 대해 내가 알고 있는 것은 모두 들려줬기 때문에 여러분도 이제는 문어에 대해 나만큼 알고 있을 거예요. 곧 나보다 더 많은 걸 알게 될지도 모르지요. 여러분이 문어에 대한 다른 책도 읽어볼 것 같은 느낌이 드니까요.

뭔가를 새롭게 알게 되었을 때 그냥 아는 것으로 그치기보다는 부모님이나 친구들에게 알게 된 것들에 대해 이야기를 들려주면 좋을 거예요. 음… 더 좋은 건 이 책에서 기왕 문어에 대해 알게 되었으니 상상력을 발휘해 자신만의 문어 이야기를 지어 보는 거예요. 그 이야기에 문어에 대해 알게 된 지식들을 적절히 넣어 보아요.

말은 쉽지만 이야기를 어떻게 써야 할지 모르겠다고요? 자, 그럼 어떻게 쓰면 좋을지 내가 먼저 써 볼게요. 그런 다음 여러분도 한번 이야기를 지어 봐요. 알겠죠?

이 두 그림은 거의 같아 보이지만, 다른 부분이 8군데 있어요. 한번 찾아보세요.

바닷속을 아주 자세히 들여다보아야 해요!

해답은 144쪽에.

8

문어 두 마리가 있어.
한 마리는 뚱뚱하고
한 마리는 날씬해.
둘은 친한 친구인가 봐.
마주 보고 비밀스런 미소를 짓네.

약간 다른 변신

어느 날 아침 바위 틈새에서 엄청 어지러운 꿈을 꾸다가 깨어났을 때 나는 내가 인간으로 변신했다는 걸 알았어. 흠, 정말로 그랬다니까. 그게 얼마나 웃긴 느낌인지 상상해 봐! 인간이 되다니! 우리 문어들에게 이건 정말 기가 막힌 일이야. 인간이라… 우린 난파된 배에서나 그들을 보아 왔을 뿐이야. 우리가 '바닷속 공원'으로 이용하는 그런 곳에는 으레 인간의 해골이 몇 개 놓여 있지. 하지만 그에 대해서는 나중에 이야기할게. 나는 일어나고 싶었어. 하지만 두 개의 팔과 두 개의 다리로는 쉬운 일이 아니었어. 인간들은 이렇게 힘들게 살고 있는 거야? 정말로? 팔이 여덟 개 있으면 얼마나 편한데. 두 팔과 두 다리로 내가 바위틈에서 빠져나오는 데만 몇 분이 걸렸어. 나는 몹시 헉헉댔지.

물론 이런 상황을 어떻게 받아들여야 할지 아득하기만 했어. 내가 아직 꿈을 꾸고 있는 걸까? 아니면 악몽이 현실이 되어 버린 걸까? 두 팔을 쭉 뻗어 보았어. 팔에는 빨판 대신 무수한 잔털이 나 있었어. 나는 구토가 나오려는 걸 간신히 억눌렀어. 물속에서 이렇게 피부에 털이 나 있는 느낌이라니, 그건 정말 마땅치 않았어. 몇 마리의 청어들이 우연히 헤엄쳐 가길래, 나는 무수한 털이 난 팔을 물결 속에서 살며시 움직였어. 청어들은 그 모습을 마음에 들어 하는 것 같았어.

나는 잠시 생각했어. 두 팔과 두 다리를 가진 문어라니, 아마 그런 문어라도 바닷속에서는 별로 눈에 띄지 않을 거야. 하지만 나는 곧 깨달아야 했어. 동료 문어 한 마리가 나를 보자마자 무슨 독거미에게라도 물린 것처럼 부리나케 가까운 암초 속으로 쏙 들어가 버렸거든. 평소 나와 아주 친했던 문어였고, 싸운 적이 한 번도 없었는데 말이야. 이런 걸 보니 나한테 단단히 무슨 일이 일어난 것이 틀림없었어. '독거미에 물린 것처럼'이라니. 지금에서야 내가 이런 이상한 말을 썼다는 것에 놀랐어. 평소 같으면 절대로 이런 말은 내 입에서 나오지 않았을 텐데 말이야. 그도 그럴 것이 나는 사실 독거미가 뭔지 알지도 못하거든. 정말로 무시무시한 일이야.

그러니까 나는 겉모습만 인간과 같은 것이 아니라, 인간처럼 생각하게 된 거야. 그 기이한 꿈을 꾸고 난 뒤 (육지 동물 중 하나인) 인간이 사용하는 어휘들까지도 내게로 옮겨 온 것 같았어. 나는 한번 실험을 해 보았어. 상어가 헤엄쳐 오면 나는 보통 아주 쿨하게 먹물을 쏘았을 거야. 이거나 먹어라! 하고 말이야. 그런데 지금은 상어 생각만 해도 몸이 덜덜 떨려 오는 것이었어. 갑자기 마비된 것처럼. 아 무서워 하는 외침이 속에서 솟아나지 뭐야. 잡아먹힐지도 몰라, 어떡하지? 어서 도망가자! 얼른!

나는 이런 기분 나쁜 느낌을 떨쳐 버리려고, 우아하게 물속에서 미끄러지듯 유영하려고 했어. 그런데 마치 벌써 상어 떼에게 물어뜯긴 듯한 느낌이 났어. 나는 다리로 바닥을 디디려고 해 보았어. 아, 그런데 이런 미련 곰탱이, 황당한 일이 다 있나. 인간이 물속에서 숨을 쉴 수 있을 리가 없지. 아 숨 막혀, 질식할 것 같아! 아 잠깐만. 암초 가장자리에 인간들 몇몇이 있는 것 같기도 했어. 그들은 마치 뚱뚱한 바다소처럼 굼뜨게 수영을 하고 있었지. 그런데 어디선가 그들이 숨 쉬는 소리가 들렸어. 뽀글뽀글하면서 거품들이 위로 올라갔어. 아, 인간들도 물속에서 숨을 쉴 수 있나 보군. 나는 다시 숨을 쉴 수 있었어.

앞으로 인간의 몸으로 계속 물속에서 살아야 한다면, 뭘 먹고 살아야 할까? 예전에는 여덟 개의 팔로 내키는 대로 모든 걸 잡아먹곤 했는데, 이제 팔이 두 개밖에 없으니 더 힘들 테지. 게다가 계속 바닥에서만 돌아다닐 수도 없는데 말이야. 물속에 살면서 다리가 달려 있는 건 아무 도움도 되지 않고, 오히려 거추장스럽기만 해 보였어. 물론 게나 가재 같은 애들도 다리가 있어. 그래 물론이지. 그래서 나는 평소에 걔네들을 아침거리로 여유롭게 잡아먹곤 했지. 그러니 다리가 어디 쓸데가 있겠냐고! 아무짝에도 쓸모가 없다니깐. 나는 문어의 몸으로 살 때부터 나는 이미 다리 달린 바닷속 동물은 다리가 없는 것보다 빨리 잡아먹힌다는 결론을 내린 적이 있었거든. 팔이나 지느러미가 있는 편이 더 나은 게 확실해. 다리는 진화의 막다른 골목이라니까.

그런데 지금 내가 문어로서 이런 생각을 하는 것일까? 아니면 인간으로서 하는 것일까? 아마 문어의 입장에서 하는 소리인 것 같아. 인간이었다면 분명히 이쯤에서 큰소리로 항의했을 테니 말이야. 아, 나는 곧 다시 문어가 될 수 있을지도 몰라. 인간이 쓰는 말들 따위 다 잊어버리고 말이야. 그래 그래, 이제 생각은 그만하겠어. 나는 그렇게 결심하고는 굼뜬 몸짓으로 몇몇 산호 쪽으로 헤엄쳐 갔어. 여기에 주차하고, 위장을 좀 하는 것이 좋을지도 모르겠어. 아 잠깐! "주차한다고?" 아, 제발 생각하지 말라니까, 너의 그 새로운 뇌를 써서 생각하지 말고, 그냥 아무것도 묻지 마. 블라디슬라프 보스톡, 제발 그러지 말라니까. 오케이, 내 이름은 블라디슬라프 보스톡이야. 왜 이런 이름을 갖게 되었는지 곧 설명해 줄게. 뭐 이상할 건 없어. 우리 엄마 문어가 블라디슬라프 보스톡이라는 낡은 난파선에 알을 낳

앉거든. 나는 이 배가 인간 세계에서 온 것을 알고 있었어. 하지만 뭔가가 오랫동안 바닷속에 있다 보면, 인간의 특성을 모조리 다 잃어버리는 법이야. 그래서 우리에겐 이 난파선도 그냥 또 다른 암초나 마찬가지였어. 인간들이 만든 암초지. 그래도 암초는 암초야.

여하튼 나와 내 8만여 남매들은 성별과는 무관하게 블라디슬라프 보스톡이라는 이름을 갖게 되었어. 다행히 나는 나와 같은 이름을 가진 남매들을 다시 만난 적이 없었어. 한번 생일 파티가 열린다고 생각해 봐. 자, 블라디슬라프 보스톡 씨 환영합니다. 여기에도 블라디슬라프 보스톡 씨가 있어요. 음, 여기 블라디슬라프 보스톡 씨를 위해 준비한 가재가 있어요. 그러면 모든 블라디슬라프 보스톡이 그 불쌍한 가재를 서로 가지려고 팔을 뻗을 거 아냐. 이 얼마나 악몽 같은 일이야. 다행히 우리 문어들은 같이 어울려 살지 않고 따로따로 외톨이로 살아. 좋은 일이지.

그런데 참, 위장을 하려고 했었지! 보아하니 인간들은 곧잘 자신만의 생각에 빠져들어서 하려던 것도 잊어버리고, 정신을 차리지 못하는 것 같아. 중요한 일에 집중하지 못하고 말이야. 문어라면 이미 주변의 산호와 같은 색과 모양을 백 번은 더 만들어 내었을 텐데… 내 두 팔은 여전히 똑같아 보였어. 털이 나 있고, 약간 탄력이 없고 말이야. 뭐랄까… 우웩! 나는 약간 당황해서 암초에서 산호초 두 개를 뜯어내었어. 흠, 보통은 이렇게 하지 않는데, 지금은 진짜 비상사태니까 말이야. 나는 산호초를 머리 앞에 들고 다리를 몸 쪽으로 끌어당겼어. 그리고는 물결을 따라 산호초를 살살 흔들었어. 흠, 멀리서 보면 틀림없이 다 자란 자포동물처럼 보일 거라고 생각하면서 말이야. 폴립형 자포동물 말이야(이게 무슨 말이냐고? 산호는 자포동물이야. 자포동물 가운데 산호처럼 이동하지 않고 바닥에 붙어서 생활하는 동물을 폴립형 자포동물이라고 하지. 폴립은 그리스어로 '여러 개의 발'이라는 뜻이거든). 나는 뜯어낸 산호초들을 잘 이어서 엉켜 있는 것처럼 만들었어. 폴립으로 가득한 것처럼 보이게 했지.

한 시간쯤 지났을까, 나는 너무나 지루해졌어. 온종일 산호 곁에만 앉아 있었던 거야. 슬슬 배도 고파졌어. 음… 반쯤 익힌 참치 스테이크에 우스터셔 소스를 곁들여 먹으면 딱인데. 오, 얼마나 좋을까. 아 그런데 정말 황당하네. 내가 지금 무슨 생각을 한 거야? 무슨 소스라고? 뭐라고 했지? 내 아홉 개의 뇌로 분석해 봐도 그 단어를 제대로 발음할 수가 없었어. 그러니까 사실 참치는 나쁠 게 없어. 참치가 그냥 무지막지하게 빠른 놈들이라는 것밖에는. 그래서 평소에는 내 수준 밖에 있는 먹이라는 것 외에는.

블라디슬라프 보스톡, 불안해하지 말고, 꽤 괜찮아 보이는 게가 지나가거든 그거나 냉큼 붙잡으라고. 쓸데없이 이룰 수도 없는 꿈을 꾸지 말고 말이야. 그래 그래, 나는 단박에 그렇게 했어. 이 두 팔로도 아주 조그만 게쯤은 붙잡을 수 있을 것 같았지. 나는 그 작은 놈을 움켜쥐고는 단바에 게를 깨물었어… 그런데 맛이… 음… 음… 뭐랄까… 무슨 맛이라고 할까나… 절대로 햄버거와 같지 않았어. 맙소사, 햄버거나 쇠고기 스테이크를 먹을 수 있다면 정말 뭐든 할 텐데. 쇠고기를 졸이거나, 매운 양념을 해서 굽거나… 초콜릿 한 조각이라도 먹었으면.

웅웅웅. 머리 위로 배가 웅웅거리며 지나가는 소리가 들렸어. 어찌나 빠르고 우아하게 물 위를 미끄러져 가는지. 끔찍한 상어보다 훨씬 멋지게 말이야. 그래서 나는 순간 헤엄쳐서 배를 쫓아가고 싶은 충동을 억눌러야 했어. 따라잡을 수 있을 리가 있나. 나는 이제는 잘 헤엄칠 수가 없는데. 그럼에도 나는 뱃전에 올라가 갑판에 앉아 있으면 얼마나 좋을지를 상상했어. 거기서 다리를 꼬고 앉아서 선글라스를 달라고 하면 얼마나 좋을까. 그러면 모두가 쳐다보겠지. 그러니까 배에 탄 사람들 말이야. 모두 나를 자신들 중 한 사람으로 여길 거야. 마땅히 그래야겠지. 나도 두 팔과 두 다리를 가진 모습이니 말이야. 아마 내가 해저에 있는 수중 공원 가운데 하나에서 왔을 거라고, 난파된 배의 실종자인데 천신만고 끝에 살아 돌아왔다고 생각할 거야. 무자비한 바다를 뒤로 하고 다시 수면 위로 떠올랐나 보다 어쩌구 저쩌구… 인간으로서 자신의 수다를 견디는 것도 정말 힘든 일이네.

붐붐 세제곱, 붐붐 세제곱. 내 세 개의 심장은 아직 제대로 일을 했어. 심장들은 내가 앞으로도 문어로 살아갈 거라는 걸 보여 주고 있었어. 내 몸 안의 몇 가지는 아직도 제대로 돌아가는 것처럼 보였어. 나는 들고 있던 산호 가지를 떨어뜨리고는 드디어 좀 긴장을 늦추었어. 알록달록한 물고기들, 해파리, 각종 평화로운 바다 생물들이 너무나 정답게 느껴졌어. 너무나 좋았어. 약간 먼 바다로 눈길을 돌려 보았어. 정말 편안했어. 모두가 파란 낙원에서 떠다니며 춤을 추고 있었어. 시리, 메모 좀 해줘. 난 수족관이 필요해!

아아아! 나는 크게 소리를 지르며 벌떡 일어났어. 그 바람에 바위틈에 머리를 세게 부딪혔지. 밖은 아직 어두웠어. 맙소사. 모든 것은 그냥 꿈이었어. 꿈속에서 꿈을 꾸었나 봐. 세상에. 그러니 내가 거의 공황 발작을 하다시피 한 거야. 나는 여덟 개의 팔을 잠시 뻗어 보았어. 모든 팔이 그대로 있었어. 다리 같은 건 눈 씻고 봐도 없었어. 블라디슬라프, 조금 더 눈을 붙이지 그래. 아니 아니, 그러지 않는 게 좋을 수도…

곧 또 만나요

잠자리 동화를 마지막으로 여러분과 헤어질 시간이에요. 문어의 신비한 세계로 떠나는 우리 여행에서 여러분은 정말 훌륭한 독자들이었어요. 내가 어릴 때 좋아했던 만화 캐릭터인 '핑크 팬더'의 말을 따라하자면 "오늘만 날이 아니니까, 곧 돌아올게".

이렇게 말하는 순간, 다음에 어떤 동물에게 주목하면 좋을까 하는 생각이 드네요. 음, 해파리? 상어? 다람쥐원숭이? 아무튼 곧 뭔가가 떠오르겠지요. 여러분이 다음에 어떤 책을 읽고 싶은지 출판사에 의견을 내어도 좋아요(주소는 이 책에 나와 있을 거예요). 자, 그럼 잊지 말아요. 그동안 여러분은 문어 이야기를 몇 편 써 보는 거예요. 알았지요? 여러분이 이야기를 쓴다면 아주 기쁠 거예요.

문어에 대해 더 알고 싶은가요?

여기에 내가 좋아하는 책과 영화를 몇 가지 소개할게요. 알면 알수록, 자신이 얼마나 아는 것이 없는지 확실히 느낄 수 있다죠. 베르너 하이젠베르크도 그 사실을 알고 있었어요. 하이젠베르크는 "불확정성의 원리"를 발견했어요. 여러분 중에 "불확정성의 원리"가 뭔지 내게 설명해 줄 수 있는 사람은 출판사로 메일을 보내 주세요. 하지만 내가 이해할 수 있게 좀 쉽게 설명해 줘야 해요.

책

- 하인츠 크림머: 『대양의 외계인』
- 비비 두몬 타크:
  『뻐꾸기, 문어, 바퀴벌레 - 약간 다른 동물 책』
- 로저 한론:
  『문어 & Co - 매혹적인 두족류의 세계』
- 헬레네 드루베르트:
  『대양 - 놀라운 바닷속 세상』

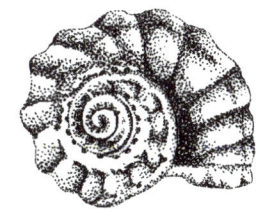

영화

- 「심해의 유령」(ZDF 시리즈 Terra X)
- 「나의 문어 선생님」(넷플릭스)

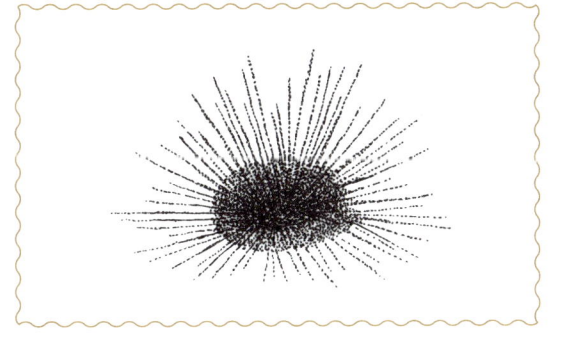

링크

- 우주에서 가장 이상한 것들
  https://futurezone.at/science/das-sind-die-bizarrsten-objekte-im-weltall/400814411

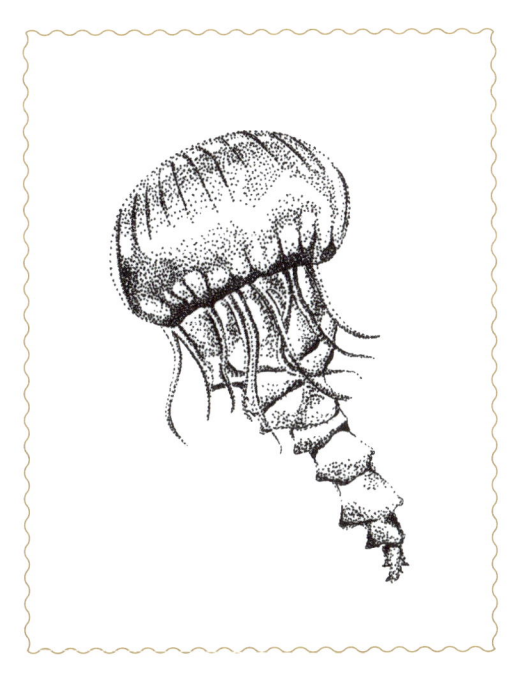

Copyright © privat

미셸 간저

1995년 아헨에서 태어나, 아헨과 마인츠에서 커뮤니케이션 디자인을 공부했어요. 미셸 간저는 특히나 우주, 별, 여러 행성을 좋아해요. 어떤 행성이든 곧장 거꾸로 발음할 줄도 안답니다. 성토, 성왕천, 성수… 이런 식으로 말이에요. 자 충분히 증명이 되었지요? 미셸 간저는 흥미로운 주제를 모아 아주 독특한 방식으로 일러스트를 그려요. 그렇게 해서 아주 새로운 세계를 창조해 내지요. 여가 시간에는 공상과학소설을 즐겨 읽는답니다. 이 역시도 거꾸로 발음할 수 있어요. 설소학과상공이라고 말이에요.

미하엘 스타바릭

1972년 브르노에서 태어나 빈에서 보헤미언학(그게 뭔지 모른다고요?), 언론학, 의사소통학을 공부했어요. 온 우주를 두루 돌아다니는 상상을 하는 걸 좋아해요. 또한 물속에서 숨을 쉴 수 있다면 정말 좋겠다고 생각하지요. 미하엘 스타바릭은 아이들과 어른들을 위한 책을 여러 권 썼고, 상도 여러 번 받았어요. 상이라는 말이 상상이라는 말과 비슷하기 때문인지도 몰라요. 여가 시간에는 인라인 스케이트를 타요. 단어를 거꾸로 발음하는 건 전혀 잘하지 못해요. 스테이크 인라인. 아니아니, 트이케스 인라인. (좋았어!)

바닷속 세계에 사는 똑똑한 문어 이야기

책을 처음 받아 들었을 때 표지를 보니
문어가 별이 총총 박힌 밤하늘을 날아다니는 것 같았어요.
아래쪽은 산호도 있고 해초도 있는 바닷속 세계인 것 같은데
문어가 유유히 헤엄치는 검은 공간은 마치 우주를 방불케 했어요.

왜 그런 느낌을 받았는지 책의 첫 부분을 읽으면서 알게 되었습니다.
바닷속 깊이 잠수해 들어가면
그곳에 사는 동물들과 미생물들이 하늘의 별처럼 빛을 발해서
마치 우주에 있는 것 같은 기분이 된다고 해요.
와우, 멋지겠다!
내가 본 바닷속 세계는 전에 동남아 여행을 갔을 때
스노클링을 해서 본 게 전부인데
그때 바닷속이 너무나 아름다웠던 기억이 떠올랐어요.

그 아름다운 바닷속에 똑똑한 문어가 살고 있어요.
흠, 문어가 똑똑하다는 건 이미 알고 있었지만 생각해보니
내가 문어에 대해 아는 건 명절마다 먹는 문어 숙회의 맛,

✦

그리고 인어공주에서 마녀로 나오는 문어의 이미지,
그것이 전부였어요.
그래서 저도 이 책을 읽으면서 문어에 대해
흥미진진한 사실들을 알아가기 시작했죠.
더구나 이 책에는 군데군데
멋진 그림들이 들어 있고 숨은 문어 찾기도 할 수 있고,
색칠도 해볼 수 있어서 더 매력적이었어요.
하하, 아직 색을 칠해본 건 아니지만요.
이 다음에 심심할 때 칠해 볼 생각이에요.

문어가 얼마나 똑똑한지, 신체 구조는 어떻게 생겼는지,
빨판은 얼마나 힘이 강한지, 뇌는 몇 개인지
여러분도 이 책을 읽으며 멋진 그림과 함께
문어에 대해 알아가는 흥미진진한 여행을 떠나보아요.

2023년 8월
유영미

문어를 도와, 문어가 적들로부터 몸을 숨길 수 있는 8가지 물건을 찾아보아요. 문제는 78쪽에.

140 해답

여기에 문어가 8마리 숨어 있어요.
숨어 있는 문어들을 찾아보아요. 문제는 88쪽에.

142 해답

문어를 잡아먹을 수도 있는 8가지 동물들을 찾을 수 있나요? 문제는 98쪽에.

해 답

이 두 그림은 거의 같아 보이지만, 다른 부분이
8군데 있어요. 한번 찾아보세요. 문제는 122쪽에.

숙제가 필요한가요?

문어를 오려보세요

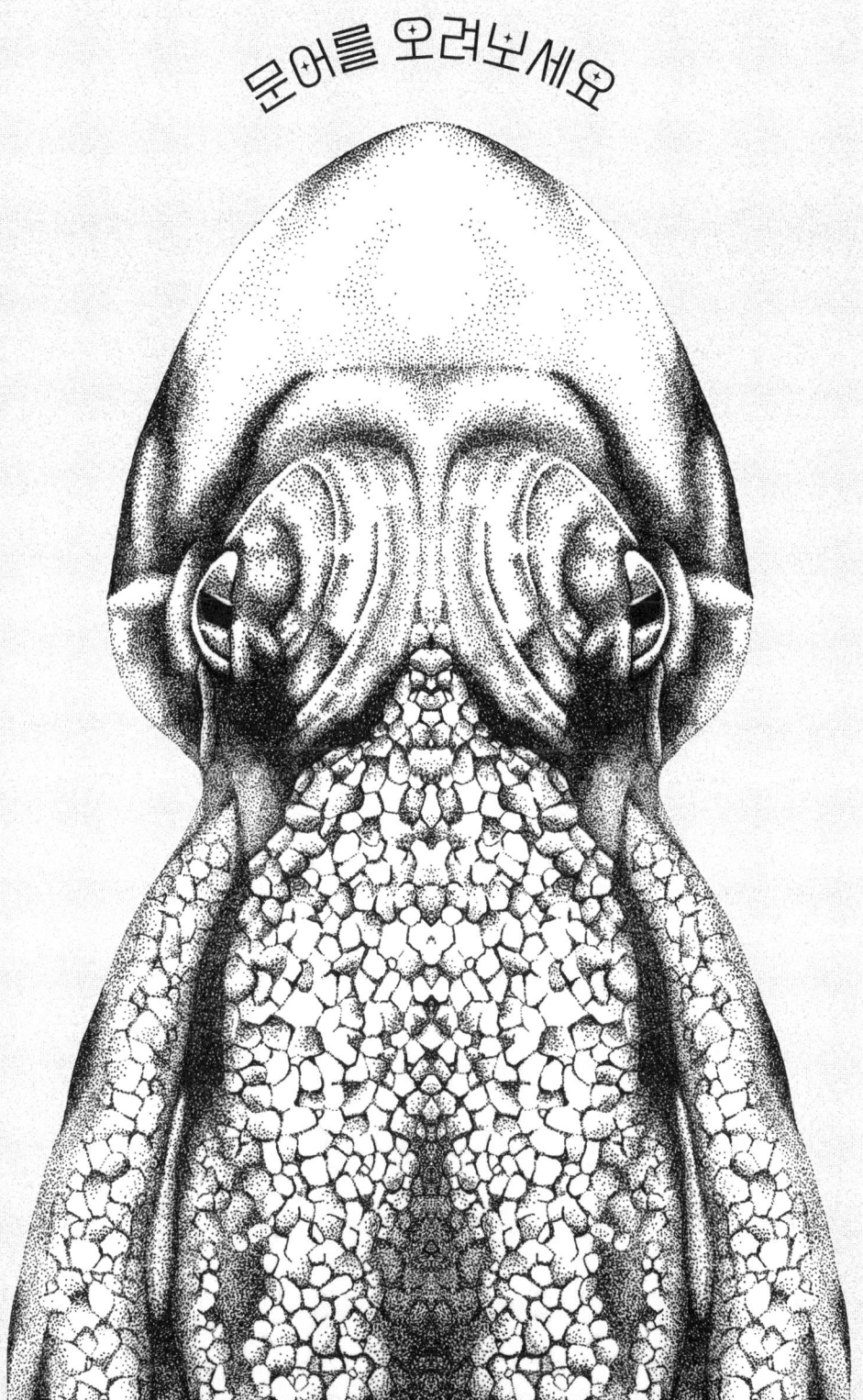

환상적인 문어
미지의 세계에 사는 생물

지은이 미하엘 스타바릭
그린이 미셸 간저
옮긴이 유영미

펴낸이 김언호
펴낸곳 (주)도서출판 한길사
등록 1976년 12월 24일 제74호
주소 10881 경기도 파주시 광인사길 37
홈페이지 www.hangilsa.co.kr
전자우편 hangilsa@hangilsa.co.kr
전화 031-955-2000 **팩스** 031-955-2005

부사장 박관순 **총괄이사** 김서영 **관리이사** 곽명호
영업이사 이경호 **경영이사** 김관영 **편집주간** 백은숙
편집 박홍민 박희진 노유연 이한민 김영길
관리 이주환 문주상 이희문 원선아 이진아 **마케팅** 정아린
디자인 창포 031-955-2097
인쇄 예림인쇄 **제책** 경일제책사

제1판 제1쇄 2023년 9월 15일

값 22,000원
ISBN 978-89-356-7838-9 73490

• 잘못 만들어진 책은 구입하신 서점에서 바꿔드립니다.